NF文庫
ノンフィクション

シベリア出兵

男女9人の数奇な運命

土井全二郎

潮書房光人新社

まえがき

西伯利亜（しべりあ、シベリア）出兵である。

先の第二次世界大戦、日本では太平洋戦争と呼ばれていた戦いで、日本軍はソ連満州国境でソ連軍と交戦。のち「シベリア抑留」で知られるようになったあの戦いではない。いまからおよそ百年前の大正年間、日本軍が米、英、仏、伊ら七ヵ国連合諸国軍と共に現ロシア・シベリアを舞台に展開した一連の軍事行動のことである。

そのころシベリアは日本語では「西伯利亞（亜）」「西伯利」「西比利亞（亜）」「西比利」などと表記されていた。「さいべりあ丸」という船名の貨客船（東洋汽船所属、のち日本郵船へ移籍）が福井・敦賀〜ウラジオストク間の航路に就航してもいた。こうした表記の混乱は、そのまま、この土地への無関心を意味していたともいえる。

ここでいうシベリアだが、厳密な定義は棚上げし、漠然とウラル山脈から太平洋沿岸に至る北部アジア地域を指すものと受け止めていただいて一向に差し支えない。ぼんやりと古いイメージにある「オーロラと白夜の大地」でも結構である。

そんな土地にいきなり諸外国が軍隊を送り込むという異常な情況となったのは、ロシア国内で救援を求めるチェコスロバキア軍五万余をシベリア鉄道経由で救出するという人道上の目的があったからだった。当時、欧州とロシア戦線ではドイツ、オーストリア同盟軍VS英仏米ロシアの連合軍との第一次世界大戦が続いていた。

ところが、そのロシアで社会主義革命が起こって帝政ロマノフ王朝が崩壊。軍隊がロシア戦線から離脱したため、共に戦っていたチェコ軍が行き場を失ってしまった。しかも蜂起した革命ロシア軍、過激派軍がドイツの要求を受け、昨日までの友軍であるチェコ軍の武装解除に乗り出したことから各所で衝突事件がみられるようになった。

そこで連合軍側はシベリア鉄道経由によるチェコ軍救出作戦を計画。日本に対して熱心に共同出兵を持ちかけてきた。先の日露戦争を辛うじて勝利した日本だったが、対露（ロシア）警戒論が根強く残っていた。いつロシアが復讐戦を挑んでくるか分からない。そうした脅えが常にあった。また革命思想の国内流入は、天皇制下絶対主義の日本としては絶対に避けなければならない。シベリア各地に居留する日本人保護も緊急の課題だった。かくてシベリア出兵が断行されるに至ったのだった。

ただ「胸に一物、手に荷物」で、ほんとうのところ、出兵に当たって連合諸国軍各国ともそれぞれの思惑を胸の内に秘めていた。

シベリア（地図の表記では「西伯利」）出兵当時の周辺関係地図。ニコライエフスク（尼港）、ブラゴウエチェンスク、浦潮（ウラジオストク）、哈爾賓（ハルビン）の地名が見える（大正９年４月19日付東京朝日新聞）

英仏らは、まずは「人道」名目に救出したチェコ軍をそっくり欧州の対ドイツ戦線に再投入するハラだった。米国はシベリア鉄道の利権狙いが主目的だった。対露警戒論の日本には駐屯地・満州から先の革命ロシア領との間に防壁的役割を持つ中立の緩衝地帯をつくろうという腹案があった。さらにいえば、緩衝地帯のシベリア大地に眠る豊富な鉱物、森林といった資源を確保ができればいうことはない。

いずれにせよ、連合諸国軍の一連の出兵は、ロシアにおける革命、反革命の国内戦争の混乱に乗じたものといえた。日本軍はシベリア各地で戦っている。シベリアの荒野である。過激派軍はゲリラとなって随所に出没、抵抗した。厳冬季の寒気は最大の敵でもあった。孤立した部隊約三百名が包囲されて全滅した（ユフタの戦い）。尼港（ニコライエフスク）では居留民、守備隊員七百三十余名全員が虐殺されてもいる（尼港事件）。

日本軍が苦闘したのも連合諸国軍の間で統一された戦略、戦術がなかったことがあった。おまけに日本を除く諸国軍は兵力が少ないうえ、ほとんどヤル気がなかった。折から長期にわたった欧州における第一次世界大戦がやっと終わり、これ以上、遠いシベリアの荒野で戦うことに意味を見出せなかったのだった。そうしたことからチェコ軍救出作戦が終わり、さらに革命ロシアがめざす社会主義国家ソ連邦の樹立がほぼ確実となった段階で、米軍はさっさと撤退。各国軍も相次いで引き揚げていった。

これに対し日本軍は主要目的である緩衝地帯、緩衝国づくりに手間取っていたことから、そう簡単に撤退するわけにはいかず、足かけ五年、北樺太占領期間までをカウントすると実に七年にわたって駐留することになった。

ロシアの研究書は述べている。

「ロシアの国内戦はその苛烈さと不寛容の点で、国民を敵対する二つの陣営に分けた。深く根づいた階級間の憎しみ合いといえた。通常、捕虜は受け入れられなかった。反革命軍は野戦病院で負傷した赤軍兵士を銃剣にかけた。斬り合いに慈悲はない～生命の値は下落する。階級的呼びかけは、同情、哀れみ、英知、分別により強力だ。国は同胞の血であふれた。この戦争を遂行したのは敵対する階級の軍隊だけではなかった。大部分の住民が事実上これに加わった。この戦争の主たる触媒かつ火つけ役は外国からの軍事的干渉だった」（ボルコゴーノフ著生田真司訳『勝利と悲劇（上）』朝日新聞社）

そんなこんなでロシア人民衆の外国軍に対する積もり重なったウラミ、ツラミは居座り続ける日本軍に集中。また領土的野心があるのではとの疑惑の念を諸外国に抱かせる結果となり、大きな禍根を残すことになった。とくに米国において対日警戒論が徐々に強くなっていき、近い将来における日米間の争い、日米戦争まで論議されるようになったことは真に憂慮すべき事態といえた（のちの太平洋戦争へとつながっていく）。

一方、国内でも出兵・駐留を続行する政府当局への風当たりは次第に強くなり、議会（貴族院）で「シベリア出兵は無名の師」と厳しく糾弾され、国民の間に漂う苦い思いは長く尾を引くことになった。「無名の師」とは中国の後漢書・袁紹劉表列伝に出てくる文言で「名分のない戦争」を意味する。

その間、日本軍の兵士たちは、ただ命令のまま、黙々として戦い続けている。戦死者総数三千余、負傷者総数二千六百余。

本書で取り上げた人物は、こうしたシベリアにおける戦いになんらかのかたちで参画した（あるいは接触したとでもいうべきか）人たちである。西伯利亜出兵（以下、シベリア出兵）の一連の展開には複雑にして怪奇な側面がある。それを明らかにするにはこうした方々に語らせるのが最も適当と考えたことによる。良し悪しは別として、己が信じるもの、あるいは己の甲斐性のみを頼りとし、ひたすら前を向き、ときには命をかけて突き進んでいった人たちばかりである。

いま、国際ルールを無視した対外政策を取り続ける外国を念頭に置いての「集団的自衛権」といった海外派兵につながりかねない問題をめぐって論議がある。一方、わたしたちのシベリア出兵に関する知識は極めて乏しい。「無名の師」であったとされ、学ぶものは何もないという訳か、学校教育で取り上げられることもほとんどなかった。だが、ここで改めてシベリア出兵史をたどっていくとき、先のベトナム戦争、イラク戦争をも合わせ、「今日の話題」を考えるうえで貴重な教訓が多く含まれているように思われてならない。過去の失敗を繰り返すことなく、なにを考え、なにを信じ、なにを頼み甲斐とし、歩むべきであろうか。

「戦争の前は憤怒なり、戦争の中は悲劇なり、戦争の後は滑稽なり」（長谷川如是閑）

＊

戦前の引用書や資料には原則として発行年を明記した。難解な漢字、旧カナ遣いは最小限の範囲内で直した。著者肩書は発刊時のものをそのまま記した。年齢は満年齢。また年号表記は一昔前の新聞編集スタイルに従い、国内の出来事を書く場合は原則として日本の年号、たとえば明治、大正、昭和を先にし、続いてカッコ内に西暦年を記した。外国での出来事は西暦年が先でカッコ内に日本の年号が入れた。ご了解のほどお願いしたい。「明治」「大正」「昭和」といった呼称、語句の重みを感じていただければ幸いである。

シベリア出兵——目次

第三章　諜報員石光真清

第四章　おらが総理田中義一

第五章　アタマン・セミヨノフ

第六章　社会主義中尉長山直厚

第七章　パルチザン佐藤三千夫

第八章　革命軍飛行士新保清

第九章　尼港副領事石田虎松

第十章　「無名の師」総決算

図版作成／佐藤輝宣

シベリア出兵

——男女9人の数奇な運命

第一章　シベリアお菊

娘子軍がゆく

日本内地では「シベリアお菊」として知られ、ロシア領沿海州あたりでは「馬賊の小母さん」で通り、満州では「兵隊婆さん」「赤マントの婆さん」と呼ばれ、数奇な運命をたどった日本人女性がいた。明治中期から大正末期にかけての話である。

本名、出上キク――。「キク」は「きく」ともいわれ、のち「菊」の字があてられるようになっている。明治十一年（一八七八年）一月七日、瀬戸内海に面した山口県熊毛郡麻里府村（現田布施町）に生まれた。半農半漁の家庭で、両親が早く亡くなったことから長兄が親代わりをしていた。ほかに姉一人、妹が一人。

そのころ「娘子軍」という言葉があった。海外に出稼ぎに行った娼婦たちのことである。「いさましい娘子の群れを兵士になぞらえてこう呼んだ」「それまで旅行記などには主に醜業婦とか賎業婦とか書かれていたもの。ところが、娘子軍ともじったほうが多少とも綾があり、そしてまた、あからさまでない気分が漂うから、いつのまにか一般にも通用することになった」(宮岡謙二『娼婦―海外流浪記―』)

九州天草あたりでは「からゆきさん」「からんくにゆき」「唐行きさん」とも称された。文字通りには唐の国、中国大陸方面行きとなろうが、広く「南洋」一帯を意味した。

出上キク(以下、お菊)の場合、こうした南洋方面に出ず、反対の北方へ向かったのは、朝鮮半島に出稼ぎにいっていた姉お初からの便りがきっかけだった。朝鮮半島仁川港で「わずかの間に相当の資金を溜めた」ので小料理店を開くことにした。「手伝いに来て」という手紙と共に「旅費の為替」がぽとりと落ちてきたものだから、もうたまらない。兄夫婦を説得して田舎を飛び出した。ときに、お菊十六歳。

姉が娘子軍だった様子もうかがえるのだが、当初は「手伝い」の仕事だったはずのお菊にしても、やがては「体は売っても心は売らず」てなセリフを口にするようになっている。

娼婦と諜報の二足ワラジ

そんなお菊が一躍名を馳せるようになったのは、月日は移ろって軍に関与するようになってだった。二通の「出上キク」あて賞状の写しがある。

「右者大正八年十月下旬ヨリ大正九年三月上旬ニ至ルマデ西比利亞黒龍州アルハラニ在リテ

支隊牒報ニ従事シ危地ニ出入シテ有益ナル情報ヲ蒐メ終始奉公至誠ヲ以テ支隊ノ任務遂行ニ貢献セリ仍テ茲ニ之ヲ感謝ス　大正九年三月十一日　歩兵第二聯隊長深水大佐」「大正八年乃至大正九年戦役ノ功ニ依リ金八十圓ヲ賜フ　大正九年十一月一日　賞勲局總裁正四位勲二等　伯爵児玉秀雄」

このうち、前者の感謝状表彰者「深水大佐」のフルネームは深水武平次。連隊の編成地は茨城県水戸。のちの話になるが、連隊のうち第三大隊はシベリア出兵末期に発生した「尼港事件」に巻き込まれて総員戦死。さらにずっと後年の太平洋戦争においては、中部太平洋ペリリュー島守備隊（中川州男連隊長）として米軍上陸部隊相手に戦史に残る激闘を繰り広げ、「サクラサクラ」の決別電を発しつつ玉砕していった悲運の連隊である。

ま、それにしても、お菊さん、ずいぶんと褒められたものだ。一体、どんな活躍ぶりであったのか――。ここらあたりまでくると、いま目にすることができるいくつかの「シベリアお菊」

雑誌『冨士』昭和３年７月号の新聞掲載広告より（昭和３年６月５日付東京朝日新聞）

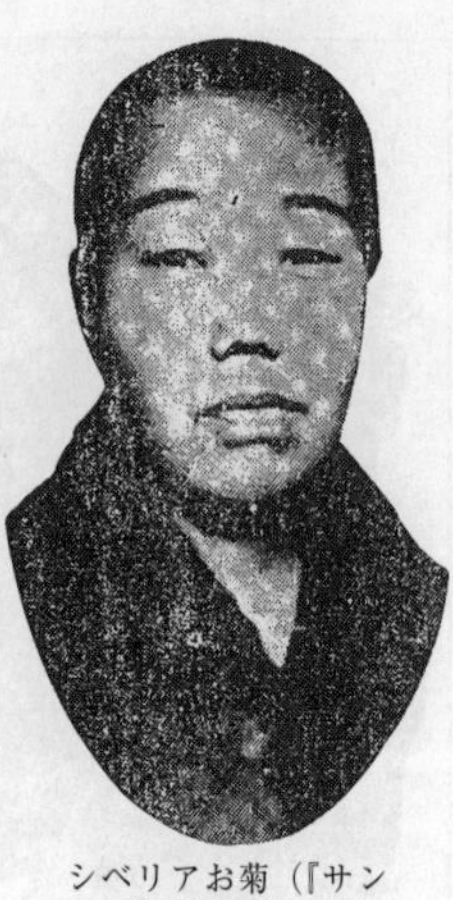
シベリアお菊（『サンデー毎日』昭和２年７月３日号より）

実録物は随分と混乱した内容となっている。もともと裏街道をゆく娼婦稼業と諜報活動の二足ワラジ。いずれも表に出にくい商売であることから（先達の仕事をこういってはなんだが）事実誤認、混同、伝聞、その孫引き、と収拾がつかない面がある。

たとえば、昭和三年（一九二八年）六月五日付の東京朝日新聞広告欄に見る雑誌『富士』七月号（大日本雄弁会講談社）の宣伝文句がスゴい。「鬼神も哭く軍事探偵秘話！　盡國の勇婦西比利亞お菊」の大見出しに続き、次のような文字が躍っている。

「吹雪烈しき闇の中を、日本軍の先頭に立って馬を走らす一人の婦人、之こそ満洲に響いた西比利亜お菊、弾丸飛雨の中を祖国の為に、働く大和撫子、その苦心、その健気さ、涙なしに読み得ぬ軍事探偵秘話！」

そんな具合でお菊物語を構成するに当たってはかなり慎重にならざるを得ないのだが、ここでは『サンデー毎日』昭和二年七月三日号掲載の匿名筆者『女侠しべりあお菊』と、本間憲一郎『戦争秘話ボロ支那服』（天行会、昭和五年）に付録として収録されている『シベリアお菊実伝』を中心にストーリーを展開してみる。一連のお菊物としては比較的早い時期における作品であることから、伝聞混信の度合が低いものとおもわれ、また内容も具体的、かつ順序立った記述になっている。

『戦争秘話ボロ支那服』の著者本間憲一郎はシベリア出兵時には中国語の陸軍通訳として従軍。そののち、支那（中国）人に扮し中国大陸各地で諜報活動に従事（「ボロ支那服」の由来）した。水戸出身。やがて五・一五事件に連座。懲役五年（のち四年に減刑）の刑を受けた「大陸浪人上がりの行動右翼」として知られる。

お菊とはたびたび顔を合わせ、「あなたの支那語は都臭くて、こんな所じゃ駄目ですよ」と、「土語」を教わったりした間柄だった。

防寒着姿で撮影されたシベリアお菊（右端）
（『サンデー毎日』昭和２年７月３日号より）

ウラジオ密航

そもそもお菊と軍との触れ合いは、先述のように姉お初の誘いで朝鮮仁川港の小料理店で働くようになってからだった。

明治二十七年（一八九四年）二月の渡鮮だったが、同年八月には「日清談判破裂」して日清戦争突入という際どい時期に当たっていた。仁川港出入りの兵隊で店は大繁盛。顔に自信がなくても、お菊には若さがあり、ちょいと斜に構えた伝法肌が売り物だった。モテないほうがおかしい。以来、お菊さん、すっかり兵隊さんが好きになってしまっている。

だが、「蝶よ花よ」の日々も束の間のこと。翌二十八年三月、日清戦争があっけなく日本軍勝利のうちに終わってしまうと、店はすっかりカンコ鳥。身体を持て余していたお菊だったが、同年秋、姉との口論をきっかけに店を飛び出し、首都京城（当時漢城）に向かってている。

客との寝物語で耳にした「黄金花咲く」といわれるシベリアへ渡ろう。そこで一生食うに困らぬ金を貯めよう。だが、なんの伝手もない。旅券もなしでシベリアへ渡るには密航しかない。京城行きはその密航資金稼ぎが目的だった。

で、身体を元手にせっせと働いている。「朝鮮の各港までは日本女子の渡航が容易であるけれども、それでは思うほどの好い金ヅルにあり付かないものだから露西亜領の方に出掛けようと思うは醜業婦一般の志願である」（長田秋涛『新々赤毛布』明治三十七年）

京城暮らしも半年。二十九年四月、海氷が解けはじめるのを待ち、馬車で京城北方の港町元山（当時元山津）に出た。ウラジオストク行きの船をつかまえるつもりだった。港では泊まった安宿の番頭の言うがまま、大金をふんだくられたうえ、「木の箱」に入れられ、船倉に運び込まれた。船には共謀の船員がいて、にぎり飯の差し入れがあった。二日後、ウラジオ着。夜を待って箱から出されたあと、当の船員によって怪しげな宿に連れ込まれ、「さんざん自由にもてあそばれた」うえ、またまた法外な「密航手数料までせしめられ」たものだから、暗たんたる前途を思っている。

そこへ、宿の日本人女将から「うちで働かないか」と声がかかっている。女将にしてみれば、カモネギの思い。船員とは打ち合わせ済みだったのかもしれない。ともかくも、それが、その後の長きにわたるお菊のシベリア暮らし第一歩となっている。ウラジオストク市プーシキンスカヤ街、吉野軒。娼家、いわゆる女郎屋である。十八歳の春だった。

「密航婦の中には外国船によるものと、日本型小舟にて冒険的航海をなし来るものとあり」「外国船によるものは料理番あるいは悪船員の注意の下に、荷物の下積の間に、あるいは石炭室の底に～船酔と嘔吐とのために死に優るの辛酸をなめ来るを常とし……」（菊地幽芳『日本海周遊記』明治三十六年）。「長崎県の出稼密航婦二十二人は、船頭一人水手四人を雇ひ、八反帆の一帆船に搭じて、露領ニコライスク（ママ）へ向け航行したりといふ」（『女学雑誌』第四百七十二号、明治三十一年九月二十五日刊）

思へば哀れ

北のウラジオストク、南のシンガポール。南北に分かれていった娘子軍にとって「忘れられぬ港町」である。懸命の思いでこの地にたどり着いたあと、それぞれ思いを抱いて散っていっている。

すこし時代は下るが、「流浪の旅」という歌が流行した。

流れ流れて　落ち行く先は　北はシベリア　南はジャバよ
何処（いずこ）の土地を　墓所と定め　何処の土地の　土に帰らん

四番の歌詞に「思へば哀れ　二八の春に」とある。「二八」は掛け算で二八の十六歳。「思へば」お菊も「十六歳の春」に故郷を離れており、この歌詞とそっくりダブる。

その北の玄関口ウラジオストクの場合、明治十七年（一八八四年）三月時点における現地市庁調べで「男二一九、女二七六」の日本人三百九十五人が在留していた（黒田清隆『環游日記上編』明治二十年）。それが、大正三年（一九一四年）ともなると、在留日本人数は一千九百八十六人に達し、ざっと五倍に膨れ上がっている。うち三分の一以上が「旅館及料理屋四百十八人」「其他二百八十人」だった。（石川六郎『西伯利亜』大正八年）

「旅館及料理店というのは表面の名であって、露骨にいえば多くは売春店である。其他の職業に至っては～全く料理店関係者に対する商人にほかならぬ」

現地市庁調査で男女比に大きな差があるのも、そのへんの事情を物語っている。

こうした日本人娼婦の大量進出をロシアはどう受け止めていたのだろう。送り出す方の日本政府側は事実上放任状態だったから、さだめしロシアの人々は苦々しい表情だったに相違ないと早合点しそうだが、どっこい、そうでもなかったようなのだ。

シベリア鉄道と共に

「ロシアは東露及び満州経営の第一歩として人間の集中を図った。人間の集中に必要なものは女である。娘子軍である。だから女を伴い来たって営業を始めるものには官費をもって手厚い保護を与えた。家屋は無料で貸与し、薪炭までこれを給した。日本の娘子軍がこれに発展しない訳はない」（入江寅次『邦人海外発展史下巻』）

「露国陸軍将官ノ貴婦人ヲ其ノ隊兵卒ニ強奸（強姦）セラレタリガ其兵卒等ハ直ニ樺太嶋ノ遠流刑ニ処セラレ」「爾来警察ノ手ヲ経テ日本商人ニ依頼シ相当ノ保護ヲ与ヘテ開業ヲ奨励セリ」（笹森儀助『西伯利亜旅行日記』明治三十二年）

要するに当時のシベリアは俗にいうところの極端な「女ひでり」。シベリア鉄道建設が始まると、ロシア側の鉄道警備兵や労働者が増強される一方、中国（清国）人、朝鮮人、それに日本人の男たちが作業員募集に応じてやってきたものだから、もうたいへん。ロシア当局もその種の女性の流入を「非常に歓迎」「奨励」せざるを得なかったという次第だった。話はすこしわき道に入るが、当時シベリアにおける中国や朝鮮半島出身の娼婦の姿は日本人娼婦と比べて少なかったようだ。中国の場合、可児弘明『近代中国の苦力と「猪花」』によれば、十九世紀以降、多くの男たちが労働移民（苦力）として東南アジア、米国、中南米などへ出ており、女性連も「猪花（ちょか）」（海外娼妓の意）として後を追っている。だが、同書にはその進出先として「シベリア」や「満州」の地域名は全く出てこない。

推測するに、それまでのシベリアにはわずかな農業を除き、カネになる働き場所がなかった。出稼ぎ労働者の進出は十九世紀末期着工のシベリア鉄道建設からだった。明けて二十世紀初頭はドンパチの日露戦争で幕開けしている。いきおい、第三国である中国の「猪花」たちの出る幕は限定されることになった。ここらあたり、後述の「尼港事件」の舞台ニコライエフスクにおける事件直前の人口について、高橋米吉・高橋真『シベリア出兵従軍記』には「日本人芸酌婦八十六人」「朝鮮人芸妓七人」「支那人（中国人）芸妓酌婦なし」とある。原典明示はなく、「芸酌婦」「芸妓」など使い分けの意味合いも不明だが、大方の傾向はうかがえるようだ。

末は異国の人の妻

こうした日本人娼婦たちを待ち受けていた運命についてはさまざまに語られている。シベリア出兵で従軍した高知・歩兵第四十四連隊の兵士の一人は次のような「女郎哀歌」を持ち帰っている。（高知県『佐賀町農民史』）

海山こえてシベリアで
おつとめするのも親のため

末は異国の人の妻
狐狸（きつねたぬき）とあなどられ
春が来たとて花見えず
秋が来たとて月見えず

その一方で、これも出兵を題材とした堀田善衛『夜の森』は、「ロシア風のお女郎屋」であぐらをかき、兵隊相手に茶碗酒をあおっていた「女ざかりの大女」の怪気炎ぶりを取り上げている。せっかく高名な作家が書いておられるのでそのまま紹介してみると、

「おれの名前は黒竜お照。満州シベリアに知らぬ者とてない黒竜お照ぞよ。満州シベリアにゃなあ、ハイラルにゃアンペラお麗、黒河にゃ生首お静。ウラジオにゃシベリアお静、ニコリスクにゃ散髪お玉。スパスカヤにゃ山本お品。日本の大和撫子は、おめえら兵隊なんぞが来んでもだ、立派にシベリア満州を占領しとる。しんぺえするな。おれたちゃ裸一貫、過激派もコサックも手玉にとって、おめぇたちの世話にゃあならねえ」

派手なタンカの陰にあるものを感じないでもないが、ともかくも気丈夫なもんだ。

お菊の場合はどうだったか。

出身地である山口県旧麻里府村の周辺事情については「この界隈は室積港を控えていたせいか、当時しきりに若い女性の海外発展熱が流行し、それがまた、たいてい小金を携えて、

キラ美やかに着飾りながら帰って来るので、青春の血に燃える少女たちをうらやませること一方でない」とある。(『ボロ支那服』)

当時の村民の動向に関しては下関市立大学経済学部教授・木村健二『在朝日本人の社会史』に詳しく、恐縮ながらごく簡単に要約すると、以下のようになる。

瀬戸内海航路の中継地として栄えていたが、明治に入り衰退。朝鮮交易に活路を求めた。回船業者や旧庄屋層ら有力者が「西洋型帆船」を仕立て、大阪から雑貨や綿布、酒、材木、塩などを仕入れて朝鮮へ行き、米や大豆を大阪に運んだ。だが、それも新登場の汽船会社に押されて後退する。地元漁船が朝鮮半島沿岸に出ていったケースもあった。こうした船舶、漁業関係者や「日雇層」で朝鮮半島定住者は多数にのぼった。

村の「若い女性の海外発展熱」には、それなりの歴史的背景があったことが分かる。いずれは「口べらし」奉公に出される。内地はせせこましい。働く場所も仕事も限られている。ならば、いっそ、大金が稼げるという朝鮮やシベリアあたりに行ってみようか——。そんな思いに駆られたとしても不思議でないということになる。

マタロス休息所

この山口県における事例もさることながら、「からゆきさん」に関しては九州熊本県天草地区と隣接する長崎島原半島地域こそ、最大供給地であったことはよく知られているところだ。お菊には室積港がお馴染みだったが、天草、島原の人々には、室積港とは比較にならないほど大きく、かつ奥深い歴史を秘めた長崎港が控えていた。

幕末から明治初期にかけてはウラジオを基地とするロシア東洋艦隊（極東艦隊とも）や商船隊の寄港が多く、稲佐地区には専用の遊興所「魯西亜マタロス休息所」ができたほどだった。マタロスはマドロス（船乗り）。遊女はロシア女郎衆と称され、源氏名も「稲里」「稲浪」「稲鳥」など「稲」の名がつくのが仕来りだった（長崎市役所編『長崎市史風俗編下巻』）。とくに極東ロシアに不凍港を持たなかったことから冬季における来航がしきりで、「艦体修理」「物資燃料補給」のほか「乗組員保養」の目的があった。本当はこちらの「保養」の方が主目的だったらしく、これを称して地元では「ヒグマの冬眠」とハヤしていた。「そして稲佐の人々は単に艦隊を受け入れる側に徹するのみならず、同艦隊を利用してウラジオストクなどの大陸へ出発していく」（宮崎千穂『明治初年における外国軍隊の「基地」経験』日本文化研究第十九輯所載）。「当時日本と浦潮間の航路は、長崎から（朝鮮半島の）釜山、元山を経て浦潮に至る日本郵船（当時は郵便汽船三菱）のそれがあるのみであった。即ち邦人のシベリア進出は、この航路によらなければ、ロシアの船にでも乗って行くより仕方がなかったのであるが、若い青年達はこのロシアの船に乗込んで、仕事を手伝い乍ら船賃なしで出て行った」（『邦人海外発展史下巻』）

長崎港のもうひとつの大きな特性は、周辺地に有力な産炭地があり、蒸気船時代の動力熱源である石炭の最大供給港だったことがある。このため外国船の往来がしきりだった。おく

新聞連載記事「秘録・大陸の忍者たち」より（昭和38年４月10日付山形新聞）

れて開港した島原・口之津港もまた上質三池炭の最大積出港となっている。

こうしたことから熊本、長崎はじめ、当時の人たちの海外を見る目は、今日で想像するより、はるかに開けていたのではなかったか。そこに「からゆきさん・なんでも見てやろう」明治大正版が生まれる素地があった。たとえば口之津は南蛮船初渡来の地。異国人と付き合い慣れしていた。天草の南の海はもう外洋。世界へと広がる東シナ海なのである。

「（天草の人たちは）海を越えて出づると云ふ事に何等の恐れを持たず、婦女子といえども進んで出づると云ふ有様なるが、又海外渡航を自然的に奨励するとの事です」（基督教婦人矯風会『婦人新報』大正八年九月号）

流浪の旅

お菊のシベリア行きには「黄金花咲く」土地で稼ごう、という目的があった。果たして

「黄金」の地は見つかるのであろうか。流浪の旅が続いている。
基点となったウラジオでロシアの風習、食物に心身を慣らし、「片言まじり」のロシア語、中国語を覚えたあと、ニコリスクを経てハバロフスクに出た。明治三十一年（一八九八年）、二十歳。ここで金鉱地帯に関する情報を集め、さらに鉄道、河蒸気船を利用して黒龍江（アムール川）上流の町ブラゴベシチェンスク（ブラゴベ）に達している。

お菊のシベリア渡航当時、黒龍江（アムール川）を上下していた河蒸気船（『西伯利事変写真帖第三編』より）

ブラゴベは黒龍江（アムール川）を挟んで対岸は中国（清国）領満州・黒河（こくが）を望む国境の街。交通要害の地でもあった。当時、シベリア鉄道のウスリー線延長工事とブラゴベ支線建設工事がはじまっていた。先にも述べたようにロシア人、中国人、朝鮮人、それに「土工、煉瓦工、大工、鍛冶職」の日本人が働いていた。奥地ゼーヤ地区には砂金採取のロシア人（流刑囚上がりが多かった）もいて遊びに来る。遊び代を砂金で支払う。

おおーっ、と。ここはあの夢にまで見た、念願の「黄金花咲く」土地なのか。

お菊、腰を落ち着ける気になっている。前後の事情や時期は不明だが、先のサンデー毎日『女侠しべりあお菊』には「河蒸気船」で知り合った中国人男性と世帯を持ち、「初めて幸福が見舞ってきた」とある。初夏、アムール川河畔には野バラとシャクナゲが一面に咲いていた。

だが、そのせっかくの安穏の日々も長くは続かなかった。三十三年（一九〇〇年）七月、突如として中国山東省で義和団事件（北清事変）が起こり、その余波でせっかくの新生活が覆ってしまった。連れ合いが無惨にも殺害されてしまったのだ。

ロシア軍によるブラゴベシチェンスク在住の中国（清国）人大量虐殺事件である。

日清戦争後、列強諸国による領土侵奪が相次ぐ中国で、極端な排外主義を唱える宗教的秘密結社義和団が蜂起し列強国の租界や公使館を襲撃した。「扶清滅洋」。義和団事件である。中国政府もこれを支援し、ブラゴベでは対岸の黒河から砲撃を加えた。ロシア軍は直ちに反撃する一方、ブラコベ居住の中国人「三千人」を皆殺しにし、さらにアムール川を渡河して黒河在住の清国人多数を虐殺。中国領満州に大軍を進めた。

アムール川の流血

この事件は日本国内にも大きな衝撃を与えた。

かねて懸念されていた「北の巨人」ロシアの脅威が眼前に迫った感があったからだった。国内世論は沸騰した。翌三十四年（一九〇一年）早々に制定された第一高等学校東寮々歌『アムール川の流血や』は「二十世紀の東洋は　怪雲空に　はびこりつ」「荒浪海に　立ちさわぐ」（塩田環作詞）と歌った。作曲は陸軍軍楽隊の永井建子。その旋律は、のち軍歌「歩兵の本領」、戦後は「メーデーの歌」にも取り入れられている。

連れ合いが殺害されたさい、お菊がどうやって巻き添えを食わずに済んだかは明らかでない。ただ、ブラゴベでロシア軍による中国人狩りが始まったさい、在留日本人会は機敏に動き、居留民を日本人墓地に避難させた。墓地は市の北端に位置し、「中国側からは射程外」にあった。「日本人に対するロシア人の感情は良好」で避難場所へ食料を運ぶルートも特例で許可してくれたといった証言もある。（石光真清『曠野の花』）

ここに出てくる石光真清は当時、日本陸軍歩兵大尉。ブラゴベでは「菊地正三」を名乗り、ロシア語習得の名目で滞在していた。ロシア軍の動静を探る目的があったことはいうまでもない。そこで、はからずも「アムール川の流血」事件に遭遇。奔流のように満州になだれ込むロシア軍を目の当たりにし、祖国日本の明日の運命を思っている。

そうした石光大尉とこれも大きな痛手を受けたお菊とはブラゴベの街角ですれ違ったかもしれなかった。『曠野の花』には「二十名余りの女郎衆」がいたことが記されている。

興味ついでに述べると、お菊のブラゴベ滞在中、もしくはそのあと、ロシア留学からシベリア経由で帰国途中の広瀬武夫（のちの軍神広瀬中佐）が立ち寄っている。ちょっと時間をさかのぼると、「単騎シベリア横断」の福島安正少佐（のち陸軍大将）やチエホフも姿を見せた。「なんでも試してみよう」のこのロシア文豪は接した日本人娼婦の優しい心遣いにすっかりデレーっとなっているから世話ない（中本信幸『チェーホフのなかの日本』）。

ちなみに石光大尉はロシア人青年による日本人娼婦観を『曠野の花』に収録している。
「彼らに言わしむれば、日本娘は第一にあきらめが良く淡白だ、第二に金銭をむさぼらぬ、第三に盗心がない、第四に親切というのであった」

お菊の頑張り

さて、お菊――。連れ合いを失い、傷心の彼女はスタート地点のウラジオストクに戻り、貯めていた砂金を元手に娼家「中国楼」を開く。が、うまくいかず、生まれ故郷の山口県麻里府村にいちど帰っている。「足掛け七年振りの秋」のことだった。二十三歳。だが、故郷の人たちとのお付き合いは、大陸の風土に馴れた身にはなにかとわずらわしい。生家にあること四十日。清国山東半島芝罘（チーフー）（現煙台）に出た。

義和団が荒れ狂ったばかりの山東半島の、なぜ、そこの芝罘だったか。はっきりしたことは分からないが、当時、故郷の下関～芝罘間に便船が通っていた（『ボロ支那服』）ことがあげられよう。「その時代になると娼婦たちの渡航は、まず旅券の必要のない中国へ渡り、大連や旅順から東清鉄道でウラジオストクに入る経路がつかわれている」（北海道北方博物館交流協会編『20世紀　夜明けの沿海州』）

ともかくもこの芝罘入りは大正解だった。ここで「売薬行商」兼「いかがわしい副業」に精を出し、小金を貯めて「真面目な家業」である「吾妻旅館」を開業。満州を主戦場に展開された日露戦争の嵐をやり過ごしている。そして戦争終結翌年の三十九年（一九〇六年）夏、故郷から呼び寄せた妹お亀に芝罘の旅館経営を任せると、再度ウラジオ入りを果たした。前回、入国に当たってさんざん苦労させられたウラジオ再見参である。こんどはどうだったか。周辺事情として、こんな妙ちくりんな話が残っている。

芝罘に水野幸吉という「ちょっと型破りの領事」がいた。日露戦争で日本は勝ったものの、際どい勝利だった。そこを負けたはずのロシア側に足元を見られ、賠償金請求は拒否された。無念でならない水野領事は「その金はお前方の腕によりをかけ、ぜひとも取り戻せ」と娘子軍にハッパをかけ、「どしどし旅券を下付して」いた。そんなわけで、お菊は意外にすんなりとウラジオ入りを果たすことができている。水野領事時代、芝罘からウラジオに流れ込んだ「ムスメの数は百を越した」とある。（『娼婦―海外流浪記―』）

――それからのお菊はまるで放浪癖がついたかのように、汽車、馬車を利用してはシベリア各地を歩き回っている。主に金鉱地帯で、ここでは「副業」もさることながら、芝罘で習い覚えた「売薬行商」が好調だった。たくましいものだ。先の歌には「流れ流れて落ち行く先は」とあったのだが、そんなうらぶれた風情なんぞ、どこにも見当たらない。

ハバロフスクとブラゴベシチェンスクとのほぼ中間地点にある高原の町オブルチェに料理店を開いたのは、お菊、三十五歳前後のころであったか。「薬九層倍呉服五層倍」で売薬業もまた大当たり。その後手をつけた「阿片密輸取次」「トバク資金貸出」「密輸」の裏稼業も大盛業。その名は近隣広く知られるようになった。

馬賊の小母さん

そんなとき、それこそ「天の一角から」、思いもかけない声が降ってきている。「ヤポンスキーが来る」「日本軍が来るぞーっ」

これが、日本軍シベリア出兵だった。お菊にとっては朝鮮仁川以来の、あの懐かしい日本兵の出現である。そういえば妙な格好の中国人風体の男たちが町にうろつくようになっていた。首をひねっていたところへ、この快ニュースである。合点がいった。彼らは日本軍の「間諜」「軍事探偵」だったのだ。それにしても、なんとも危なっかしい。

ここで、お菊、「奮然として決起」している。彼ら間諜たちになにかと便宜を図る一方、土地の差配、その配下、さらには馬賊連らを金で動かし、革命支持の過激派パルチザンの動静をさぐった。そのころ日本軍の斥候や先遣隊は「得体の知れぬ日本人女性から、しばしば味方有利な情報をもたらされた」ことを相次いで本隊に報告している。

お菊、大奮闘の巻だった。

将校斥候の一隊がパルチザン相手に苦戦中、馬賊を動かして背後に回らせ、包囲を解かせてもいる。先発部隊が乗り込んで来たさい、町で用意した接待用の水オケを全部ひっくり返した。敵スパイが毒薬を投入したことを直前に探知したのだった。列車爆破計画をキャッチ、「危機一髪」で列車を止めた。変装して中国人「周芳菊」を名乗り、有力情報をつかんできた。右手に拳銃、赤マントをひるがえし、馬賊討伐の先頭に立ったこともある。

日本軍としては「土地不案内」「言語不通」のところへ、思いもかけない側面援護だ。駐屯連隊長がわざわざお菊を訪ね、感謝の言葉と共に「この先も骨を折ってもらいたい」と頼んでいる。そして駐屯部隊の食糧品供給を任せるときたから、「利益を度外視して納入した」こともあり、いつしか兵隊の間で「兵隊小母さん」「馬賊の小母さん」なんて親しみをこめて呼ばれるようになっている（冒頭紹介の表彰につながる）。やがて「小母さん」が「婆さん」に変わっていくのだが、失礼しちゃう、まだ四十歳を越えたばかりだった。

このころのお菊の様子に関してはこんな点描がある。

「黒ずんだひとえを着ていた。髪はきちんとまとめ、帯は胸高く締めている」「ほほ骨は高く、大きい黒瞳だがどろんとしている」。「（同席の者が言うには、お菊は）革命騒ぎがなかったら大ブルジョ

シベリアの広大な雪原を奥地へと進軍して行く日本軍部隊（上下とも、『西比利亜派遣軍記念写真帖』より）

アですよ。大金山王」「ヤミの親分。儲け一方でなく、侠気があるからロシア人にも信頼されている。複雑怪奇。面白いですよ」「お菊の口が滑り出してきた。大体一升をこすと、彼女はまともになるというとおりだった」(昭和三十八年三月十四、二十四、二十五日付山形新聞連載記事『秘録・大陸の忍者たち―シベリアお菊と鉱山技師』より)

大正八年(一九一九年)三月、シベリア出兵初期、政府はシベリア金鉱調査団を派遣した。連載記事はこの調査団メンバーの一人、安斎徹鉱山技師(のち旧制山形高等学校教授)の懐旧談とそのメモをもとに近藤侃一記者がまとめたものである。

これらの記事から、まがりなりにも彼女が「黄金花咲く」地にめぐり合っていたことがうかがえる。お菊、長年の艱難辛苦の甲斐これあり、見事、念願を果たしていたのだ。

お菊の最期

その一方で、記事には「どろんとした瞳」「一升酒」とある。『ボロ支那服』にも、後年、「阿片と酒の量が増えた」と記されている。「五尺そこそこ」の背丈ながら「元来健康体」だったが、無理を重ねた身体。年齢以上に老けが目立つようになっていた。屈託、ウサを晴らすには麻薬と度の強いコーリャン(高粱)酒しかなかったに相違ない。

やがて日本軍シベリア撤退。あとは過激派の天下――。止むなくオブルチェを引き払い、満州ハルビンに出たお菊は、山東半島芝罘の旅館を任せていた妹お亀を呼び寄せ、このハルビンでアメ菓子「シベリアあめ」屋を開業している。

「ふん、革命なんて春の雪のようなもんさ」

再起を図る思いは強かった。商品箱に「阿片やコカインを忍ばせ」る裏商売もやっていたのだが、「片田舎と違って官憲の目」が厳しく、うまくいっていない。

大正十五年（一九二六年）春、お菊は倒れた。四十八歳だった。高血圧症、動脈硬化。七月三十一日夜、妹お亀らに看取られながら息を引き取った。ハルビン郊外の日本人共同墓地に埋葬された。しきりにうわ言をいっていたということだ。「赤マントを出しておくれ」と、『ボロ支那服』は「したいことし、言いたいことを言い、持ち前の我意を張り通し」た生涯であった、と一盞の涙を注ぎ、そして、「支那軍服の上に真紅のマントをひるがえし、露軍から生け捕った白毛の駿足にまたがり〜さっそうたる彼女の姿」を回想している。本稿冒頭に記した「赤マントの婆さん」の由来である。

締めくくりとして、これも冒頭で紹介した昭和三年（一九二八年）発行の雑誌『冨士』七月号の新聞広告について考えてみたい。「からゆきさん」お菊が没後わずか三年足らずして「盡國の勇婦」「鬼神も哭く軍事探偵」にまで祭り上げられるようになったのはなぜか。

折から日本軍が対中国の大陸政策で一定の方向に歩みはじめた時期であったことが指摘されよう。『冨士』七月号が刊行される前年の昭和二年には「おらが総理」田中義一内閣が発足。中国山東省への第一次山東出兵が強行された。当の昭和三年には、張作霖爆殺事件、第二次山東出兵、済南で日本軍と中国軍が衝突した済南事件も起きている。

お菊の場合、既述のように「娘子軍稼業」と「諜報活動」の二足ワラジだったが、このうち異郷の地を舞台とする諜報活動ぶりはこうした時代によくマッチしていた。しかも女の身である。そこで娘子軍稼業の部分は体よく片隅に置かれ、諜報活動の面が大きくクローズアップされるに至った。挿絵がそのことをよく表わしている。「謎の美女」、健気にも祖国のため獅子奮迅、といったいかにも日本人好みの構図である。

かくして「お菊物語」は国策に沿うかたちで勇婦・烈婦物語へと変質していった。お菊実録物の混乱がそのことを如実に物語っている。

第二章　風雲児島田元太郎

対露警戒論

シベリアお菊が連れ合いを失うという「アムール川の流血」事件を目撃した石光真清大尉は「東亜における有史以来最大の虐殺であり，最大の悲劇であった」と厳しく弾劾している。「清国人三千名は黒龍江の河畔に引き出されて惨たらしくも虐殺され、老若男女を問わぬ惨殺死体が筏（いかだ）のように黒龍江の濁流に流されたのである」（『曠野の花』）。そして――、はるか「孤島日本の運命」に思いを馳せるのだった。

「大虐殺を機縁として、満州は収拾出来ぬ騒乱を起すに違いない。ロシアは得たりとばかりにその鋭鋒を南下させて、欧亜にまたがる大帝国建設の夢を実現するであろう。カザック（コサック）の馬の蹄はやがて朝鮮半島に及ぶに違いない」（同）

朝鮮半島がそうなれば、一衣帯水の地にある日本への重圧は想像を絶するものとなろう。

事件は、かねて日本国民が抱いていた対露警戒論（恐露病）の高まりに拍車をかけることとなった。その後、日露戦争の勝利があり、警戒論は波打つように、あるときは高揚し、ある時期は低調になっていくのだが、底辺の流れに変わることはなかった。

ちなみに日本国家主義（右翼）の源流とされる「黒龍会」が内田良平らによって結成されたのは、この虐殺事件発生一年後のことだった。会の名称はロシアの南下を黒龍江（アムール川）で食い止めるという意図を表わしていた。（海野弘『陰謀と幻想の大アジア』）

そのころの人びとの動きについて『曠野の花』は次のように述べている。

「当時ウラジオストックには〜東亜同文書院創立者根津一氏、商務官事務所の二ツ橋領事のほかに、志士団員を引具して来た内田良平氏等がいて、何れもロシア軍の東亜征服計画の推移を見張っていた。思えば当時の民間人の国家意識は強いものであった。日清戦争後の三国干渉に憤激した志ある人々は、軟弱な政府を頼むに足らずと、悲壮な気持ちを抱いて続々と大陸に渡り、各自思うところに愛国の熱情を傾けていたのであった」

あるいは、同書には第一章「シベリアお菊」で少しばかり顔を出してもらった笹森儀助の談話も紹介されている。「（朝鮮の）元山の奥で韓国人の教化運動をやっとりましたがナ、そのうちこの義和団事件が起ったから色々と調査してみると、わしにはロシアの行動がフに落ちん〜これあ黙って見ておられん。とにかく現地でロシアの真意を探る必要があるわいと考えてナ、誰に頼まれたわけでもないが、元山からここまで徒歩で来ましたよ」

ここに出てくる笹森儀助（一八四五〜一九一五）は元津軽藩士。地域行政や子弟教育に功があったが、「旺盛な知識欲」「憂国の情」押え切れず、主に単独行で千島やシベリア、南西諸島の調査に出ていた。著書に『千島探験』『南嶋探験』がある。

ついでに述べると、よく知られている八甲田山雪中行軍遭難事件がある。この事件にしても、一般に受け止められているような外国寒冷地における戦闘を想定した訓練ではなく、ロシア軍の日本侵攻に備えたものだった。

青森から弘前の陸奥湾に沿った補給路をロシア艦隊の艦砲射撃によって破壊された場合を想定。背後の山岳ルート開拓に目的があった。同時期、北海道札幌の第二十五連隊もまた、石狩湾・余市へのロシア軍上陸と函樽鉄道（現函館本線）に対する砲撃を想定。やはり雪中強行軍はじめとする猛訓練を重ねている。

そんなこんな、当時の人たちのいじらしいほどの対露警戒心である。

ニコライエフスク（尼港）

アムール川はオホーツク海に流れ込んでおり、河口で発生する大量の流氷群は北海道沿岸にまで達するところから、現代でもわれわれ日本人に「冬の風物詩」の舞台として知られる。その河口近くに港町ニコライエフスク（尼港）がある。本書「まえがき」でも触れたように、シベリア出兵末期、ロシア過激派パルチザンによる日本軍守備隊や居留民に対する虐殺・尼港事件の舞台となったところである。

明治二十三年（一八九〇年）夏、そのニコライエフスクで、「からゆきさん」の故郷・島原半島出身の男が一軒の商店を開いている。アムール川の流血事件当時、三十歳。上流から伝わってくるロシア軍による無惨な虐殺行為のうわさ。大きな衝撃を受けたに相違ない。

ここらあたり、本人の言動を記録した資料は見当たらないが、のち、シベリア出兵に関して政府要人と接触したり、駐屯日本軍幹部と親交を重ね、あるいはロシア側と話し合いをもつなど、やがて「政商」といわれるようになったのも、ひとえにシベリアに住む日本人居留民の保護、安全を図るものだった。そんなフシがうかがわれるところだ。

島田元太郎――。元太郎は「もとたろう」と読む。のち「尼港の島田か、島田の尼港か」「尼港の帝王」といわれるようになった人物である。

明治三年（一八七〇年）八月五日、長崎県南高来郡土黒村（現国見町）の生まれ。十三歳で長崎の紙屋に丁稚奉公に出た。明治十八年（一八八五年）、十五歳のとき、ウラジオストクに渡っている。

故郷を出る前後の状況は不明で、のち島田元太郎を取り上げた新小樽新聞の連載記事「露領の快男児」（大正九年五月二十九日付）に「故郷の天地に碌々としているのが面白からず」「雄心の発露」で長崎を離れたとあるだけだ。同記事によれば、ウラジオでは当初玉突き場のボーイとなったが、やがて中国人商店の住み込み店員となった。

ニコライエフスク行きについては、ここに出稼ぎに行く「日本人売笑婦」が「道中の世話をしてくれるボーイ」を求めていると聞き、その売笑婦に付き添うかたちでハバロフスクから「黒龍江を河蒸気船」で下ったとある。時に明治十九年（一八八六年）のことだった。「太平洋に二大良港あり、一は黒龍江口のニコライウスク、一は浦潮斯徳」「ニコライウスク港は東部西比利亜の好漁業場たる黒龍江の上流数十露里の所にありて、発達上最も便宜の位地にあり」「航運の盛んなるものは内地発達に助勢すること至大ならん」（東亜同文会『樺太及北沿海州』明治三十八年）

その後、軍港としての機能や行政府がウラジオストクに移されたことから一時衰退の道をたどることになった。明治十九年七月、欧米視察旅行に向かう元北海道開拓使長官黒田清隆がここに船で立ち寄り、そのたたずまいを次のように描写している。「衰微ヲ極メ市街中至ル処、廃屋空房、朽壁断礎ヲ見ル」（『環游日記上編』明治二十年）

52歳当時の島田元太郎。「尼港の帝王」と呼ばれた（島田家提供）

日記には町の現地人以外の人口とその内訳も記されているのだが、「外国人（男）五十二、同（女）四」とあるだけで、日本人居留民の有無には触れられていない。居留しておれば当然メモされているはずであり、日本人はいなかったとみて差し支えないようだ。

それから四年後にたどり着いた島田少年もまた、こうした荒涼たる光景を前に「えらいとこに来てしもうたばい」。立ちすくむ思いだったにちがいない。頼るべき知人とてない。

長崎からウラジオに出て以来、ずいぶんと歳月が経過したような気がするのだが、このとき、あと二週間ほどでやっと十六歳になろうとしていた。

島国的素根性

それにしても、なぜ、ニコライエフスクだったのであろうか。

もういちど、先に取り上げた新小樽新聞の連載記事に目を戻してみると、島田少年はウラジオで玉突き場ボーイ、中国人経営の商店員になったあと、ハバロフスクに出ている。ここでは行商人となって「糊口の資」を稼いでいたのだが、服装が汚いため、「日本人の体面に係わる」として日本人居留民団体による「退去」決議が出されるに至った。

昭和十六年（一九四一年）十二月六日付小樽新聞も連載記事「あの頃の北進日本」で、ハバロフスク在住の日本人居留民から「あんな汚い風体で歩かれては日本人の恥」として排斥され、「追放の憂き目に会った」と同様のことを伝えている。極貧の果てのホームレス生活だったのであろうか。

追放され、郊外の金鉱山が募集していた「朝鮮人鉱夫」として潜り込んだものの、言葉ができないことからお国がバレ、ここも追い出されてしまった。

途方に暮れていたところへ舞い込んだのが、上記の売笑婦付きボーイの話だった。（小樽新聞には売笑婦でなく「日本芸妓」とある）。

それにしてもハバロフスク在住の日本人居留民は十五歳の少年に対し、なんともつれない仕打ちをしたものだ。関連して、これはハバロフスクでなく、同じシベリアのイルクーツクでの話なのだが、こんな記述がある。

「在留邦人は二百余名だが～一致団結の風が欠けて訳もなしに互いに排斥して、一向新来者の事業の手引きもしてくれぬ」「自己の職業を奪われるような気で、互いに嫉妬排斥しているのは実に見下げた島国的素根性」（松尾末蔵『西伯利南洋探検旅行』大正八年）

島田少年、ここでギリギリと奥歯をかみしめたのではなかったか。どこでもいい、「島国的素根性」の日本人がいない土地へ行こう。そこで巻き返すのだ。かの売笑婦は、尼港に日本人はいない、そこで付き添いを頼むのだと言う。これぞ、まさに渡りに舟――。

かくてアムール川下りと相成ったという次第になるのだが、新小樽新聞は「途中、氏（島田少年）はこの婦人を介抱し、甚だしきはその便器の掃除をまで辞さなかった」と記している。ここらあたり、ストーリーの展開がきわめて具体的、かつリアル。したがって、以上、二紙の記事内容は、島田本人に直接取材したものであり、かなりの精度で、その少年時代の足跡を伝えているといってよかろう。（島田少年の尼港入りについては、類書の多くが先の黒田元長官乗船の便船に同乗してやって来たとしているのだが、疑問点が多い）

尼港の草分け

さて、比較的新しい島田元太郎研究書である森川正七『北海の男』（昭和五十四年）によれば、ニコライエフスクに落ち着く決意を固めた島田少年は、まずここでも中国人経営の雑貨商店に住み込んでいる。「この地を踏んだのは日本人として間宮林蔵以来四人目、そして永住者としてはおそらく最初の人であったろう」

在留邦人に関する初の資料としては、明治二十三年（一八九〇年）現在、つまり島田少年が住み着いて四年後の数字として「男三人、女九人」の記録がある（川上俊彦『浦潮斯徳』）。これからすると、彼が「永住者として最初の人」とは明確にいえないまでも「男三人」の中に含まれているはずであり、少なくとも「草分け」であったことは確か。

なお、同行した例の売笑婦も在留女性数にカウントされているのであろうが、彼女のその後を伝える記録はない。

明治二十三年といえば、店の中国人経営者が帰国することになって、そっくり店を譲られ、希望に胸をふくらませていた時期にあたる。

一方で四年前にやって来たころと全く変わらない町の風景、活気のなさに、前途に不安の念を覚えていたころでもあった。二十歳になったばかりだった。（これからは島田「少年」でなく、フルネームで呼ばねばなるまい）

それから十一年後（「アムールの流血」事件から一年後）の明治三十四年（一九〇一年）十二月末時点における在留邦人数をみると、「男九六、女一〇一、計一九七」となっており、順調な発展ぶりがうかがえる。ところが、同じ資料には、これら在留邦人以外にも「ニコライエフスク付近に於ける邦人漁夫の活動は素晴らしかった。毎年漁期になると北海道、新潟、その他の地方からこれに乗り出すもの数千人」と記されており、若干戸惑わされる。（入江寅次『邦人海外発展史下巻』）

とつぜんの漁業の話である。この十年ちょっとの間になにがあったのだろうか。ここらへん、露領水産組合『露領漁業の沿革と現状』（昭和十三年）に解説してもらうと――、

黒龍江を遡上するサケマス類は「極めて豊富」だったが、地域住民が自家用食料、畜犬飼料として漁獲している程度だった（冬季交通運搬用として犬ゾリは欠かせない）。それが、樺太に出稼ぎに来ていた日本人漁業者が「余力をかつて」、この対岸にある沿海州のサカナに目を向けた。そして「逐年出漁を発展せしめ」、南部沿海州からさらに北上し、明治二十五年（一八九二年）には「魚族の最も豊富な」黒龍江に出漁するようになった。

「爾来、黒龍江はこの方面に於ける邦人出漁の中心地となり、ニコラエウスクに入港の我が出漁船の数は～激増を示すに至った」

降って湧いたような事態の急展開である。つくねんと店先に座り、将来を案じていた島田元太郎にとって青天の霹靂。予想だにしなかったことだったにちがいない。開店二年ほどして、思いもかけず、うわーっと日本人漁業者が押し寄せてきたのだ。

尼港買魚時代

さらに事態は大きく回転していく。引き続き、『露領漁業の沿革と現状』をみると、さらに次のような興味ある記事にぶつかる。

「露国は一面同地方に於ける漁業発展の前途大なるものを看取すると共に～ニコラエウスクを含む黒龍江下流地方に対し海産業仮規則なる特別漁業法規を制定し、日本人の漁業を厳禁するに至った」「ただし漁獲物の販路は日本人に依存する所が多いので、漁獲物の製造と輸出のみは日本人に対して之を許可した」「漁業は禁止されたが右の制度により、我が漁業者は買魚及び製魚の方法によって、なお出漁を継続、いな益々発展し、北洋漁業史にいわゆる『ニコラエウスク買魚時代』を出現せしめた」

これまでサケマスの有効利用法を知らなかったロシア側も自国産業育成に目覚め、規制に乗り出した。だが、実績を積み重ねてきた日本側はそう簡単に引き下がらない。ロシア人名義で漁業権を確保して「名義借り」操業を続け、あるいはロシア側が漁獲した魚を安く買い取る方法で、さらに利益を上げたというのである。

日本人漁業者側が有利だったのは、塩蔵サケマスひとつとっても製品加工技術に一日以上の長があり、おまけに日本という至近の大消費地に無税で漁獲物を運び込めることがあった。もっとも地元ロシア漁民側とて黙っていたわけでない。頑張っている。

「露人ハ曾テ筋子ノ食用ニ供スベキヲ知ラズ、悉ク日本人ノ収得ニ任セテ顧ミザリシガ〜ソノ有利ナルヲ知リテ盛ニ筋子ノ製造ニ従事シ、鮭魚ノ売買ヲ契約スルニ当リテモ筋子ノ取得権ヲ特ニ一個条トシテ明記スルニ至レリ」（島田元太郎「露領尼古来斯克市ニ於ケル商業漁業ノ状況」農商務省商工輯報・明治四十一年第六号）

こうしたロシア側の年を追って強まる資源ナショナリズムの高揚、対する日本側の歴史的既得権の主張、新漁場開拓意欲や製品加工技術開発への努力――。この両国のせめぎあいは、その後も長く続く日ロ漁業交渉の原型となっていっている。

それはともかく、「ニコライエフスクもの」とのブランド名で珍重されるようになったサケマスの取り引きで、いま、島田元太郎は絶好調。ロシア語、中国語に通じ、ロシア人に多くの知り合いを持ち、商売の道もそれなりに心得ている。で、その仲介役的存在としても日ロ双方の漁業者から引っ張りダコなのだ。自身も買魚事業に乗り出している。

このころの地元漁民によるアムール川流域における漁法と、商売が軌道に乗ってしばらく経過した島田元太郎の様子を伝える資料がある。富山県の元漁業者二人からの聞き取り調査で、（方言がまじって読みづらい部分があるかもしれないが）引用してみる。

「ところどころ河引っ込んだ蔭みたいな所に杭打って、それに結わえたゴザみたいなもんをぐるっと巡らしてある。ほして丸木舟に乗って魚ぼうたらく（追っていく）ちゃ。ほっと、魚ぁその囲ん中逃げ込むが。それつかまえる。ロスケ（ロシア人）は網使とらなんだ。それを日本人が一匹十銭からで買うとった」「ニコライエフスクちゃ〜島田元太郎という人が十

五、六で長崎県から来て小店から始めてデパート持つようになって、買魚と両方しとられました」（井本三夫編『北前の記憶』）

島田商店（のち島田商会）が着実に歩み始めていたことがうかがえる。

一方、漁法だが、こちらは問題だった。既述のように現地の人たちは網を使わない原始的手法でやっていたのだが、日本人漁業者が入り込んで定置網の一種である建網式漁法で遡上するサケマスを一網打尽。大量に漁獲しはじめた。ロシア側が「仕掛け網・ザイエズドク」と呼んだこの漁法は資源状況をめぐる日ロ間のあつれきに拍車をかけるものとなっている。

大量に捕獲する日本式仕掛網の風刺画（『極東ロシアのモダニズム1918－1928図録』より）

なお、のち日魯（にちろ）漁業の創業者となった堤清六と平塚常次郎らのカムチャッカにおける本格的操業、あるいは小林多喜二が活写するところの「蟹工船」の時代は、もうすこし時間を置いてのことになる。

無冠の領事

こうした日本人漁業者は、夏から秋にかけての漁期にやって来て、冬には帰国する。このため在留邦人数には加算されないのだが、その後も「漁期になると二千人乃至二千五百人の日本漁夫が来襲する」（前農商務省書記官、野守広『実地視察宝庫西伯利』大正七年）といった記録もあり、その長年のにぎわいぶりがうかがえる。いずれも船主の元で働く出稼ぎ漁業者で、とくに富山県からの「越中衆」、新潟県の「越後衆」が多かった。両県の漁業関係資料に島田元太郎に関する記録が散見されるのは、このためである。

明治三十二年（一八九九年）三月、二十八歳になった島田元太郎は同じ長崎県出のタマ（二十七歳）と結婚。四男三女に恵まれた。長男に「仁古来（ニコライ）」、次男「和志利（ワシリ）」と名づけたが、のち実家からの強い要望で「弘毅」「渡」に改名させた。折から日ロ間の雲行きが怪しくなってきた時期にあたり、「ロスケ」「露助」と、いわゆるイジメの対象になりかねない名前だったことによる。

明治三十七年（一九〇四年）二月、ついに日露開戦――。島田元太郎と家族は商品仕入れと次男

平穏な生活が続いていた頃の石田虎松副領事一家と記念撮影。前列左端が石田副領事、１人おいて夫人と次女、右隣が島田元太郎（『開国文化八十年史』より）

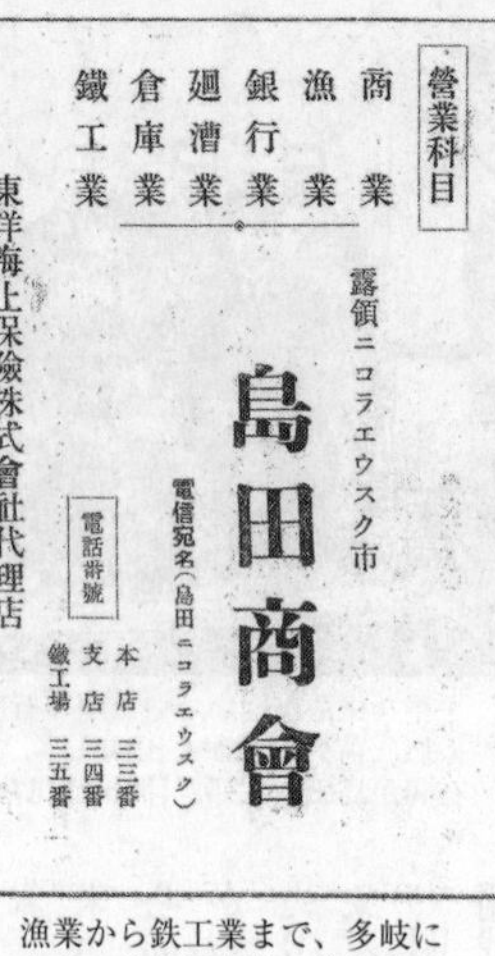

漁業から鉄工業まで、多岐にわたった島田商会の営業科目

渡の出産のため故郷長崎に帰っていて無事。残されていた島田商会の日本人従業員は大苦労して引き揚げてきた。が、翌三十八年九月、日本勝利のうちに戦争終結。島田元太郎は「子どもの教育は日本で」と家族を残し、単身、従業員たちとニコライエフスクに戻っている。当時三十五歳の働き盛り。商会再興に向け、強い意志と才気でもって奮闘。明治四十一年（一九〇八年）、居留民会の初代会長となる。以下、いくつかの関連資料から――、

「島田商店主の島田元太郎氏は肥前島原の人、数十年前よりニコライフスクに勢力を据え、あらゆる事業に関係している。在留日本人の信頼を博して、無冠の領事を以て目されているのは島田氏である」（『横山源之助全集第八巻』）。「ここには紹介するに足る一人の成功者がある。島田元太郎君である～今では数十万の資産と、内外人間に抜くべからざる信用とを築いている」「功績として没すべからざるものが今ひとつある。それは同君が他の邦人居留者に対し有形無形の援助を与えてきたこと。即ち後輩の誘掖に務めてくれたことである」（『実地視察宝庫西伯利』）

「島田商店主人島田元太郎氏が夜半にわかに汽船の準備し、税関に届ける暇もなく～全速力

を以て迎えに来た」「（その帰り）市街が左岸に白く巌の如くに望まるるとき、突如として一事変～ボートが大江の中心に転覆して、底を現したる上に四人の露国兵」「救い上げて（上陸したのだが）税関が異論を唱え、昨夜迎えの船が税関の許可なく、ほしいままに漕ぎ出したのを不都合だという」「そこで島田氏自ら税関に出頭し、『なるほど自分は昨夜許可を得る暇なく船を出した。が、その帰り道で、許可を得ることなく、難船したる露西亜人を四人助けて来た。これらは全体どうしたら宜しかろうか』と。一言奇警。税関長、口を開いて唖然。問題たちまち無難に解決す」（坪谷善四郎『海外行脚』明治四十四年）

島田商会札

島田元太郎には「二つの顔」があった。

ひとつは、もちろん実業家としてのものであり、特記すべき事項として、大正七～八年（一九一八～一九年）にかけて発行した「島田商会札」がある。

当時、ロシア国内は革命以来の内戦状態が続き、本来の通貨であるルーブル紙幣は相次ぐインフレのため信用を失い、ニコライエフスクの経済状況もまた混乱の極にあった。島田商会札は商品引換券だったが、その豊かな経済力をバックに紙幣代わりに使われるようになったのだった。

ここらあたりは先の「尼港の草分け」の項で紹介した森川正七『北海の男』に詳しい。それというのも森川正七（故人）は著名コインコレクター。島田商会札を調べているうち、島田本人に興味を持ち、その伝記『北海の男』をまとめたいきさつがあるからだ。

「ルーブル紙幣が裏付けされるものがほとんどないのに対して、島田札なら～商品を必要とするときは何時でも引き渡すという約束をした商品券だったので、一般に通貨の役割を演じることになった」「島田札をもって島田商会が経営するデパート（百貨店）で生活物資や日本から輸入された日用品、食料品を一定値で入手できるから生活が一応安定でき、一般市民からも歓迎されたのである」

一見してロシア紙幣に似た島田商会札は、大正七年に五万ルーブル、同八年十五万ルーブルの計二十万ルーブルが発行された。先の『北海の男』が発表された昭和五十年代前半の物価換算でいうと、邦貨にして「約一億八千三百万円の巨額」に達した。

商会札の表には島田元太郎の肖像が描かれ、ロシア語で「ピヨートル・ニコラエビッチ・シマダ」とあった（ニコラエビッチの綴りで一字誤植があるのだが、これもご愛嬌といったところであろうか）。

ピヨートル云々というのは島田本人のロシア正教洗礼名である。『北海の男』は、本人の洗礼名といい、長男と次男にも当初ロシア語発音の和名をつけたことといい、あるいは日本内地に家作を全く持たなかったことといい、「全くロシア人に成り切って、シベリアの土になるつもりで、島田札を発行したものと思われる」「（島田札は）近代の貨幣史にすばらしい輝きを放っている」と記している。

〈上〉ニコライエフスクにあった島田商会デパート（島田家提供）。
〈左〉島田商会札・1ルーブル券（『北海の男』より）

もうひとつの顔

島田元太郎のもうひとつの顔は、政府有力者や軍部とのつながりである。軍に頼りにされたといった方が正確かもしれない。なにせ、ロシア語ができ、行動範囲は広い。土地の事情に詳しく、ロシア要人にも知己が多い。

前項で引用した『実地視察宝庫西伯利』には「同君（島田）とはモスクワで会い、また東京で会って色々話を聞いた。大正七年二月より同君は東部西伯利を遍歴し」とある。東京で政界、軍の有力者と会う一方では、モスクワまで足を伸ばしていたというのだ。

関連して、このころの陸軍参謀本部次長・田中義一中将（のち陸軍大臣、首相）に関わる書簡等を集めた「田中義一関係文書」（山口県文書館所蔵）の中に、島田元太郎が代議士臼井哲夫あてに出した大正七年（一九一八年）二月二十七日付『シベリア事情に対し日本軍の出兵要請に関する書簡』が収められている（臼井は明治四十三年、東京外語学校ロシア科学生の団体旅行に同行、ニコライエフスクの島田商店を訪問）。以下、その書簡の一部から――。

「当地方の模様については、先便を以て大略申上候処、其後機運は益々熟し～いずれの階級に属する者もバイカル湖以東の自治若くは中立国を建設するの意向一致し、中産階級・智識階級は特に之を熱望致居候」「而して他の同盟国の行動を見るに着々運動を進め居る様子に御座候」「此の際、我が政府の決心一日遅るれば一日の損失可有之、当に我立つべき秋と存候～一日も早く出兵を断行する様当路の決心を希望する次第に候」

出兵をうながす手紙である。とても一民間人が田中首相に近い代議士あてに差し出す内容とは思えないのだが、書き出しに「先便を以て」とあるところをみれば、たびたびこのような手紙を出していた様子がうかがえる。この手紙がモノをいったわけではなかろうが、政府が出兵に踏み切ったのは、それからわずか六ヵ月後の同年八月二日のことだった。

彼はロシア革命について次のような見方をしていた。

「過激派の唱導する思想と主義を全然悪いと言うのじゃないが、日本に輸入することには大反対です」「採るべき点もあるが、短所も多い」（大正九年五月二十八日付新小樽新聞）

そこで軍部からの要請もあり、積極的に行動していたフシがある。「居留民の生命の安全、財産の確保を願って」のことでもあった（隈部守『尼港事変と島田元太郎』）。田中義一とは、かねて交際があった実業家久原房之助（日立製作所創立者、田中義一のスポンサー）を通じ、知遇を得ていたとみられる。

のちには、いわゆる尼港事件の補償問題で遺族代表として日本政府相手に四つに組み、三度にわたって「救恤金」を引き出している。一時帰国していて奇跡的に難を逃れた島田元太郎は「残りの生涯を殉難者遺族への補償にかけたといっても過言ではなかった」（清水恵『函館・ロシア　その交流の軌跡』）

尼港事件直後、ニコライエフスクに馳せ戻ってみたものの、町は廃墟と化していた。日本軍守備隊陣地のひとつとなった島田商会建物も無残な姿に変わり果てていた。永住の地と定め、腰を落ち着けて三十四年。営々と積み上げてきた努力の結晶がこれであった。

日露戦争に次ぐ二度目の再興の願いも、共産党一党支配体制のソビエト政権下では、しょせん無理があった。五十歳になっていた。このころ、妻タマが長崎で病没している。

その後、東京における尼港事件遺族補償問題に目途をつけると、かねて関心を持っていた樺太やカムチャッカ油田の開発に意欲を見せた。だが、ますます厳しさを加える国際情勢のなか、個人の海外経済活動は制限を受けて次第に動きがとれなくなっていっている。前半生と違って、ここらへん、まことに

島田家之墓（左）と元太郎が建立した尼港事変殉難者碑（長崎県国見の光専寺で）

不運な巡り合わせといわざるをえない。

昭和十六年（一九四一年）、次男渡が朝鮮半島平壌で金鉱山開発の権利を受け継いだのを機に、心気一転。現地北朝鮮に向かっている（当時、朝鮮半島は日本国だった）。金鉱はニコライエフスク時代に扱ったことがあり、まんざら素人でもなかった。

平壌行きに当たっては「向こうの方が日本内地より安全だよ」と言い、長年におよぶ個人記録類の多くを運んでいった（このため、いま、断片的な記録しか残されていないのは残念なことである）。

直後、太平洋戦争勃発――。最期の夢も砕け散った。戦争は、その昔、十五歳の少年が遥かなるシベリアに馳せた夢、願望、汗と努力、涙と笑いのすべてを奪い去っていった。

終戦わずか二日後の昭和二十年（一九四五年）八月十七日、平壌で病床にあった島田元太郎は、その一切の結末を見届け、ゆっくりと目を閉じている。七十五歳。敗戦の報を聞き、「ああ、これで日本もだめだなあ」。しみじみ口にしていたということだ。

元太郎直系の孫にあたる島田元弘氏（千葉県在住）の淡い記憶によれば、「祖父は出張でよく日本内地に来ていた。そのころ珍しかった干しバナナがお土産。ひざに抱かれながら食べた」。

遺骨の一部（のど仏）は、元太郎の次男渡が、あの北朝鮮における戦後の混乱のなか、「服のえりに縫いこんで」故郷・長崎に持ち帰ったという話だった。

島田元太郎に関する多くの資料は、島田の第二の居住先である朝鮮半島平壌において、終戦によりすべてが無に帰してしまった。このため、彼の全体像を描くには少なからずの困難が伴うのだが、それをいささかでも補うものに（次章以下でも紹介することになるのだが）

同時代に生きた実業家や軍人の記録類がある。ひょいとしたところで「島田」の名前が出てくるのである。

それだけ確固たる信念のもとに精力的、意欲的に動き回っていたというべきであろうか。

第三章　諜報員石光真清

ハルビン潜行

話は戻って、アムール川をはさんで清国（中国）対岸に位置するロシア・ブラゴベシチェンスク（ブラゴベ）で清国人大虐殺事件に遭遇し、ロシアへに対する警戒心を一層深めた石光真清陸軍大尉だったが、事件直後、その手元にたった四文字の電報が届いている。「スグコイ」。発信人の記名はなかった。発信地、ウラジオストク。

それだけで了解できた。ウラジオには（当時まだ正式な組織ではなかったが）陸軍の諜報関係機関があった。電報はそこからの緊急電なのだ。もともとロシア語習得を希望した石光大尉は、このウラジオの機関で協議の末、当時ロシア軍のシベリアにおける最大の根拠地とされていたブラゴベ行きを命ぜられていたといういきさつがあった。

ウラジオで待ち受けていた新しい任務は「満州ハルビン潜行」だった。

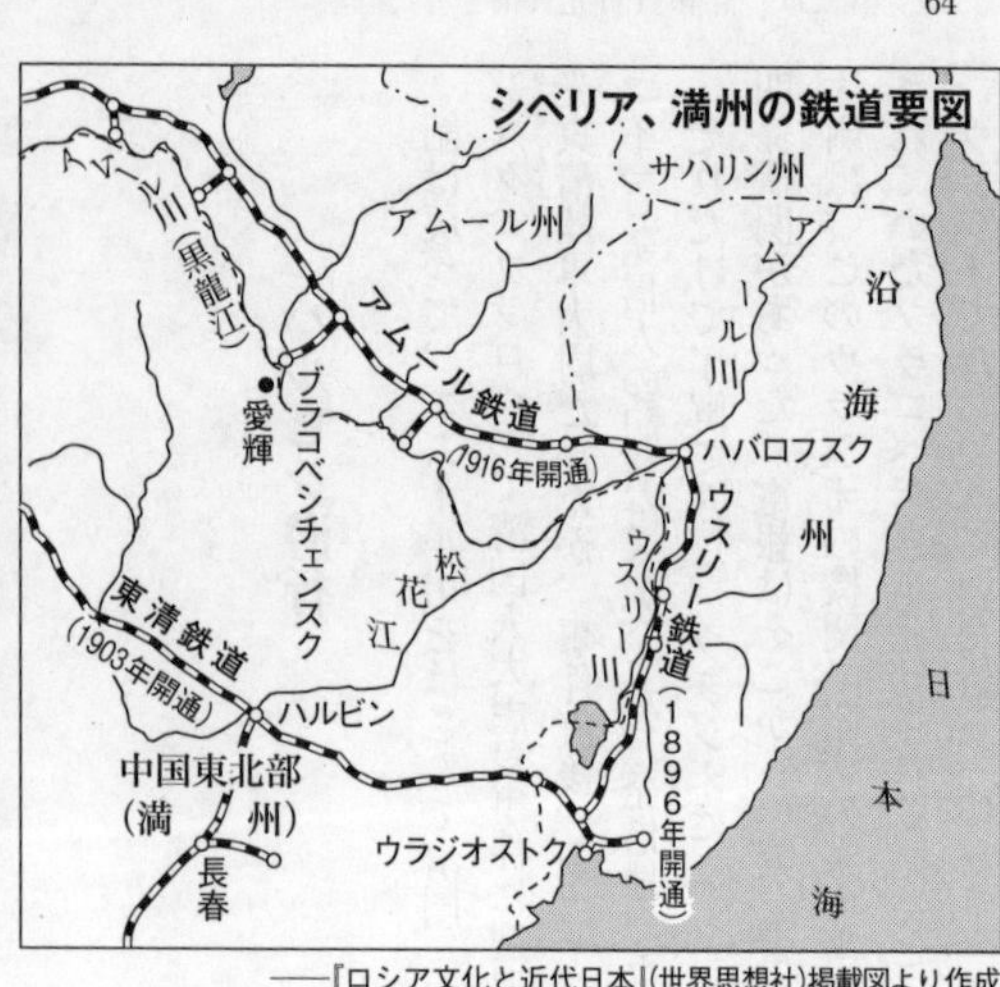

――『ロシア文化と近代日本』(世界思想社)掲載図より作成

かの大虐殺事件を契機にロシア軍は満州を一気に南下する構えをみせた。ロシアにとって義和団事件は「願ってもないこと」「これで満州を押さえる口実ができる」というものだった。（ハーモン・タッパー著鈴木主税訳『大いなる海へ―シベリア鉄道建設史―』）

これにより、東清鉄道の拠点であるハルビンの存在がにわかにクローズアップされるに至った。やがて東支鉄道と呼称されるようになるこの東清鉄道は一八九八年（明治三十一年）、ロシアが資本投入。ハルビンを基点とし、東西双方に向けた建設にとりかかっていた。

シベリア鉄道の本線延長プランが清国との国境線沿いを大きく迂回するように走るのに対し、ずばり、東清鉄道は清国満州の内陸部を横断するかたちで突っ走ることになる。ロシアにとって「有力なる軍隊と精巧な重砲」を迅速に輸送するため、必要不可欠な線路だった。

「モスクワからシベリア鉄道・東清鉄道経由によりウラジオストクへ、また大連へは二週間余りで到達する」（井上勇一『鉄道ゲージが変えた現代史』）

このころの満州鉄路の流れを概観すると、日露戦争勃発の前年一九〇三年（明治三十六年）東清鉄道全面開通。ここにシベリア鉄道と直結して「ロシアの極東進出の大動脈を形成する」に至った。だが、直後の日露戦争（一九〇四〜一九〇五年）の敗北で出鼻をくじかれ、ハルビンがある北満州に後退。さらに一九一七年（大正六年）のロシア革命に起因する国内混乱により、この北満鉄路からも退き、やがてすべての満州鉄路から全面撤退した。それに伴い、満州における全鉄道権益は日本資本の南満州鉄道（満鉄）に移行することになっている。

いま、石光真清、ハルビンの地に立つ――。これから語学留学生兼諜報員というささか気楽な生活を捨て、身分もまた陸軍現役将校から予備役将校に編入され、軍の黒子役ともいえる諜報活動に従事することになるのである。

「私はもうロシア留学の青年紳士ではなかった。油だらけの汚い木綿のルパシカに百姓靴を履き、頭髪の油を落して不精髭をそのままに、疲れた中折帽をのせて、どう見ても苦力（現地人労務者）然たる格好であった」（『曠野の花』）

立ちふさがる入道雲

石光真清は明治元年（一八六八年）八月、現熊本市の生まれ。神風連の乱（熊本）、西南の役（鹿児島）という明治初期における大きな動乱劇を身近で見聞きしたことがあってか、陸軍幼年学校に入った。陸軍士官学校に進み、卒業して陸軍少尉任官。東京の近衛師団勤務となった。その近衛師団時代、国賓として来日中のロシア・ニコライ皇太子が滋賀県大津市で警備担当の巡査に斬られて負傷するという「驚天動地」の大津事件発生（明治二十四年）。深夜、非常ラッパでたたき起こされたという強烈な体験を持つ。

ニコライ皇太子はウラジオでのシベリア鉄道起工式（シベリア東側、つまり日本海側からの工事開始）に参列する途中、軍艦七隻を従えて日本に立ち寄っていた。大津事件はその当時世界最大最強をうたわれていた帝国の皇太子に対する無法な傷害事件である。「東海の一弱小国であった」日本国中がおののいた。帝政ロシアがどう報復措置に出るか。

「われわれ青年将校も更めて母国を見直し、隣国の入道雲のような巨大な姿を仰ぎ見て心引締るのを覚えた。この日から兵営生活の空気も緊張して来たし、青年将校が集って交わす話の種も変って来た」（石光『城下の人』）

後年、石光真清がロシアに関心を抱き、シベリアや満州の地で諜報任務に挺身するようになったのも、この大津事件と無縁ではなかった。このときのロシアは事件に関し寛大な態度をとったから、日本中がほっと胸をなで下ろしたのだが、その「入道雲のような巨大な姿」のまがまがしい印象は容易に消え去るものでなかった。

事実、ロシア側の動きには、油断もスキもない、警戒すべきものがあった。

たとえば、ニコライ皇太子の訪日に随行していたクロパトキン宮廷武官らは「帰港の途次韓海（日本海）の鯨群に着目」し、ウラジオに露国太平洋捕鯨会社をつくって「鯨漁を営む」一方、朝鮮半島や日本北海道沿岸の「軍事上の測量に着手」している。「捕鯨船の日韓沿岸測量に対し、露国海軍省は毎年五万留（ルーブル）の補助金を交付したり」（東洋捕鯨会社編『本邦の諾威式捕鯨誌』明治四十三年。復刻版『明治期日本捕鯨史』平成元年）

のちの日露戦争で、クロパトキンはロシア軍「満州総司令官」となって日本軍と相対した。ニコライ皇太子は、その後、即位してロシア帝国ニコライ二世となったものの、やがて足元から沸き起こった社会主義革命により、皇帝一家全員銃殺という運命をたどる。

石光真清。ハルビン潜入当時の撮影（『諜報記』より）

本書の主題である連合諸国軍のシベリア出兵が始まったのはその直後のことだった。

ここに出てくる石光真清の自伝『城下の人』『曠野の花』は続編の『望郷の歌』『誰のために』と合わせ、四部作で構成されている。遺稿を長男真人氏が整理編集した。

この四部作によれば、諜報将校と

しての石光真清の活動歴は、日露戦争をはさみ、前半期と後半期に分けても差し支えないようだ。前半期はアムールの流血事件のブラゴベ留学時代とハルビン潜入時代。中間にはさまる日露戦争では正規軍人として召集され、満州の地で戦い、陸軍少佐に昇進している。後半期は再びブラゴベに行き、石光機関をつくって諜報活動に従事。革命で揺れ動くシベリア情勢を直視し続けた。

群像さまざま

話は、この前半期、ハルビンに出た石光真清の諜報活動に戻るが、ここでは仮名「菊地正三」を名乗って、洗濯屋（クリーニング店）、次いで写真屋を開業している。開業資金には軍からの全面支援があった。とくに写真屋は「写真好き」のロシアの軍人や一般人に大受けで、駐屯ロシア軍の「御用写真屋」、さらには東清鉄道指定の写真館となっている。その一方で同時並行的に日本軍の対露情報機関の拠点にもなっているのだから、いささかどぎまぎするような展開だった。

以降、ロシア軍や東清鉄道の「御用命」により、菊地写真館スタッフの手で「満州各地の重要地点、重要施設はほとんど撮影され」、その写真は複製されて密かに東京に送られている。

かのクロパトキン将軍の満州視察のさいは一行の写真館スタッフ指定され、写真機持参で各地を随行しているのだから驚かされる。

もっとも深入りして際どい場面に遭遇することもしばしばあった。上記四部作の原本ともいえる太平洋戦争末期に発表された『諜報記・続』(昭和二十年五月)をみると、「洗濯屋を開店、諜報任務に就く。捕へらる、こと数回、奇跡的に生還」「露軍の御用写真師となり全満重要施設の撮影に成功す。この間危機数回」とある。

そして、いま、盛業の菊地写真館——。

「この頃から北京を本拠とする志士の一団、横川省三氏や沖禎介氏らのほかに、島川毅三郎、長谷川四迷、河津政次郎という浪人組が三人四人と一緒になって写真館に寄食していた。写真館が日曜日の朝から大入満員のときは、泊り合わせた志士も豪傑も浪人も、館員と一緒に早起きして掃除をしたり、番号札を渡したりした。日曜日はほとんど例外なしで早朝から夕刻まで食事をとる暇がなかった」(『曠野の花』)

広大なシベリア、満州である。「せまい日本にゃ住みあいた」とやって来た「志士も豪傑も浪人も」だったが、動こうにも手がかり、足がかりに乏しい。そこで、まずはこうした日本人の現地成功者を頼って身を寄せるのが常だった。

第一章の「シベリアお菊」にしても、一時ウラジオで開いていた旅館に大陸浪人組がごろごろ。酒をねだっては大言壮語、天下国家を論じる始末だった。「姐御(あねご)」「姐さん」と奉られれば、そうそうムゲにはできず、随分と閉口したという話がいくつかのシベリアお菊実録物語で見られるところだ。

菊地写真館の場合、どうだったか。

寄食していた者のうち、横川省三（岩手出身）と沖禎介（長崎）は、のちロシア軍厳重警備下の東清鉄道を爆破すべく、吹雪の雪原深く潜入したが、不運にも捕えられ銃殺刑となった。ときに横川、三十九歳。沖、三十一歳。処刑される前、横川は所持金全額をロシア国赤十字への寄付を申し出て感動させたという話が残っている。また、長谷川四迷はやがて作家二葉亭四迷として頭角をあらわすことになる。

「田中義一」という大柄の男がやって来たのもこのころだった。

その名前は前章「風雲児島田元太郎」でちらと出てきたが、のち陸軍大将、総理大臣になる男である。このときは四年間に及ぶロシア駐在武官勤務を終えて、シベリア鉄道と沿線視察の目的を胸に秘め、シベリア・満州経由で帰国途中に立ち寄ったのだった。

「田中義一少佐が帰任の途中、ハルビンの私の写真館に泊った。思慮緻密な人であったが、持って生れた豪放の外観が、ハルビンにいた大小豪傑や志士たちの気に入って、毎夜のように痛飲、放言してにぎやかなことであった」「私は田中義一氏とこの日以来、特別の交誼を結んだが、終生世話になることの方が多かった」（『曠野の花』）

もともと二人は浅からぬ因縁があった。立ち寄ったのもそのつながりがあったことによる。大尉時代の石光が一念発起してロシア語学留学を願い出たさい、参謀本部はこれを歓迎した。陸軍にはロシア通がほとんどいなかったからである。田中がその一人だった。

「当時、ロシア関係で活動していた人は村田惇砲兵少佐、田中義一歩兵少佐、萩野末吉歩兵少佐、花田仲之助歩兵少佐、町田経宇歩兵大尉の五名に過ぎなかった」（『城下の人』）

謀略のにおい

横川省三らの潜入目的はロシア軍の「輸送路遮断」「後方攪乱」にあったが、石光真清は同じような秘密任務を帯びた「ニセ僧侶」にもウラジオで出会っている。

正体は、いま名前が出てきた花田仲之助少佐（のち中佐、鹿児島出身）だった。浄土真宗西本願寺派ウラジオ布教場（通称浦潮本願寺）の「僧侶・清水松月」を名乗っていた。宿屋女将によれば、「お経も下手だしお説教も面白くないので、ほんのたまにしか行かないそうだが、物腰が柔らかく熱心なので信者はふえている」という話だった。

「同師はウラル山脈に近いシベリアに西辺から満州一帯にわたっての布教を語っても、それ以外のことについては微塵も語ったことがなかった」。かのロシア革命支援工作活動を行なった明石元二郎（元陸軍大将）と士官学校同期生でもあった。

やがて日露戦争に突入したさい、軍服姿の石光と花田の二人は旅順の戦場で「パッタリ」出会っている。のるかそるかの大戦争が始まったとあって二人とも現役復帰させられていた。花田少佐は「やあ石光君、ウラジオ以来の対面だなあ。今日は忙しくて、ゆっくり出来ん。無事でいたらまた会おう」。さっそうと胸を張って馬を走らせている。満州馬賊を中核とする「満州義軍」を編成。総指揮官「花大人（ホアターレン）」と呼ばれ、ロシア軍の後方攪乱に大きな功績を

清水松月師こと花田仲之助中佐（上）と、写真館経営時代の菊地正三こと石光真清（『曠野の花』より）

あげていたのだった。

また、前章で紹介した風雲児島田元太郎に出会ったのは、石光真清がハルビン勤務と日露戦役従軍を終え、陸軍少佐となり、後半期課報活動の舞台であるブラゴベに再度潜入していた大正七年（一九一八年）一月のことだった。

先の『謀略記・続』には「参謀本部の中島正武少将（後に中将）、阪部十寸穂少佐（後の第三師団長）、加納大尉、其他島田、竹内、関の三氏を帯同して日露協会幹部の名義で視察に来着された」と記されている。ここに出てくる「其他島田」がその島田元太郎ご本人。同書の島田に関する記述はこれだけだが、前にも記したように軍部がどれほどシベリア通の民間人を頼りとし、重用していたかがうかがわれるような話である。

興味ついでにもう少し島田元太郎について触れてみると、中島少将のブラゴベ視察に同行したあと、彼はウラジオ港に停泊中の日本海軍軍艦「石見（いわみ）」を訪れている。司令官として艦上にあった加藤寛治少将（のち海軍大将）による大正七年分の日記をみると、「二月九日

（土）島田（元太郎、在ニコライエフスク島田商店主）、緒方（整粛、外務書記生）来り、大いに快談す。西伯利自治策に感服す」「二月十日（日）島田を招待す。快飲す」とある。（『海軍―加藤寛治日記』続現代史資料五。カッコ内は同書編集者の注釈）

これからすると、島田元太郎がただぶらっと軍艦見物にやって来たのではなかった。かねて陸軍（中島少将）と海軍（加藤少将）らの現地派遣陸海軍高官と知己であり、さらには領事館員とも深い付き合いがあったことが分かる。その後の加藤司令官の日記にも「島田を伴い（出かける）」とか「日本人島田、下田、関（竹三郎、島田商会店員）来る」「島田、菊池（ウラジオ総領事）と語る」といった記述が散見されるところでもある。

島田元太郎はなにをなさんと欲していたのか。なにを画策していたのであろうか。もし彼自身の日記でも残されていたら、今日、民間から見たシベリア出兵裏面史といった興味深いストーリーを読むことができたかもしれない。ただ、手がかりが一つあるようだ。加藤日記に記されていた「（島田の）西迫利自治策に感服す」（二月九日）の件である。

それにしても島田元太郎の行動力には驚かされる。交通不便なシベリア東端の地ニコライエフスク（尼港）の住人が、前章でも述べたように、今日は東京、明日はモスクワ、といった様子なのだ。

夏季だったらアムール川を往来する日本軍用船あるいは民間の河川航路を利用、そしてシベリア鉄道・東清鉄道に乗ることが可能なのだが、冬季、水運河川航路は凍結する。結氷期間は長い。まして上記加藤日記の日付は厳冬二月――。ウラジオあたりでの長期滞在も考えられるが、あとはイヌぞりを走らせたのであろうか。

のち、本書の結末部で述べることになる「尼港事件」で彼が奇跡的に命を拾ったのは、東京海軍省の急な来京要請により、事件直前、吹雪のシベリア大雪原をものともせず、一直線。イヌぞりを駆ったことにあったのだった。

西伯利自治策

それでは島田元太郎が加藤司令官をして「感服」させたところの「西伯利自治策」とはどんな内容のものだったのか。なにを意味するものであったろうか。

話は前項で記した陸軍参謀本部中島少将による島田らを帯同しての石光写真館来訪にさかのぼるが、このとき同少将は石光真清に対して次のようなことを伝えている。

「軍の方針はきまっている。結局は出兵せにゃなるまいさ。形式は連合国との共同出兵だが、日本軍が主力にならにゃなるまい。崩壊した東部戦線（欧州独露戦線）をウラル山脈に添って再編するのが連合軍の要請だが、日本としては、このさい東部シベリアに緩衝国家を建設して、北方（ロシア）の脅威を除かにゃならんからな」（『誰のために』）

軍としては出兵方針を織り込み済みであり、しかもその出兵の真の狙いは共同出兵の他連合国軍に秘し、かねて懸念のロシアの圧力を緩和するため、日本とロシアとの間に「緩衝国家」をつくることにある。ついては一役かってくれんか——。そんな話なのだ。

この時期、前年に首都モスクワで起きたレーニン主導の社会主義革命により、ロシア全土で革命支持派と反革命派との間で武力衝突が起きていた。シベリアの地ではコサック軍団が反革命派の中核となって覇権争いに加わろうとする動きが活発であり、日本軍部首脳はそうした反革命派を後押しして緩衝国家を建設しようというハラだった。

石光真清にとって思いがけない話である。『誰のために』には次の問答がみられる。

「僕は都督府陸軍部（のちの関東軍司令部）からブラゴベ付近に駐在して革命の推移を見ておれという命令を受けただけで、深入りは避ける方針で来た。あなた（中島少将）から、そのような話を受けようとは思わなかったし～任務も違うようだ」

「それは承知している」

「正式のご命令とあれば、どんな命令にも服しますがね。僕もここ二十年ばかり苦労したものだから、少々用心深くなっている。それに複雑な革命の最中で政治的な動きをすることは、僕の能力を超えた仕事だからな」

「用心深いことが望ましいさ、若い将校に任せたら飛んでもないことになる」

ここで、例の島田元太郎が加藤司令官に話した「西伯利自治策」のことが思い出される。

彼は、前章で紹介したように田中義一参謀本部次長に関係がある代議士に「出兵」をうながす手紙を出していた。その手紙を改めて見直してみると、

「過激派を除く外、いずれの階級の属する者も、バイカル湖以東の自治若しくは中立国を建設する意向」「随て起きるべき問題は自治宣言の場所にて御座候。浦潮斯徳（ウラジオスト

ク）に於てすれば海軍の陸戦隊にて事足るべきが、若しニコリスクに於てすれば支那との国境に我が兵を備え置くの要あり、若しブラゴベチエンスクに於てすれば対岸のサハリヤン（黒河）に我が兵を予備せざるべからず」

島田は軍部に早急な「出兵」をうながし、さらに踏み込んで「自治体」、つまり「緩衝国家」「緩衝地帯」づくりにも触れ、有望とおもわれる拠点三ヵ所をあげ、問題点まで指摘していたのだった。軍艦「石見」艦上でもそのかねての持論を一席ブッたに相違なかった。

それは一民間人の単なる軍事オタク的発想などとは全く別次元のものであり、内戦によって混乱続きのシベリアにおける居留民多数の生活を守るための懸命の生き残り策ともいえた。それ故に加藤司令官はこのシベリア通の意見に耳を傾けざるを得ず、その迫力に「感服」したのではなかったか。そうでなかったら、「素人の民間人が分かったようなことを言うな」てな具合に軽くあしらわれていたに相違ない。

最後のご奉公

石光真清はそうした周辺事態の展開をまるで認識していなかったようにおもわれる。中島少将は続ける。

「東京で田中義一閣下（当時中将、参謀本部次長）にもお会いして、君（石光）の仕事について一応打合わせずみだ。日露戦争前からの蔭の仕事で大変な苦労されたことは知っとる。

心から敬意を表するが、国家のため最後のご奉公をしてくれんかな」

かの田中閣下も了解済み、さらには「国家のため」「最後のご奉公」とおっかぶされては観念するよりほかなかった。しかし、それにしても随分と急な話ではある。

ここらあたり、「ロシアの新事態（内戦）に即応していち早く行動計画の準備に着手したのは日本陸軍の参謀本部であった」とし、次のような記述がみられるところだ。

「参謀本部は〜派兵プランを作成するとともに、シベリア各地の情勢について明確な認識をもち、将来の作戦活動に備えるため、（大正六年）十二月七日、シベリア鉄道沿線での情報収集活動の方針を決め、この活動に従事する将校をウラジオストクからイルクーツクに至るシベリア鉄道沿線、その他の要衝に派遣しはじめる」（細谷千博『ロシア革命と日本』）

そこで石光真清に対する「最後のご奉公」要請という次第らしかったのだが、ブラゴベ駐在のこのベテラン諜報員（五十歳になっていた）の起用には、同地の政治情勢が、他地域に比し、じつに際どい様相を呈していたという事情も手伝っていた。

地域拠点が次つぎと革命支持派＝過激派の勢力下に収められるなか、ただひとつ、黒龍州（アムール州）のブラゴベでは、依然として過激派と反革命派との間でせめぎ合い、ツバ競り合いが続いていた。革命前は、コサックを中核とする帝政ロシア陸軍駐屯地であり、交通要衝の地でもあった。それ故に資産階級や中産階級が居住し、社会主義革命に否定的な見方をする向きが多かった。

日本軍部としてはここの反革命派コサック軍にテコ入れし、それを突破口として緩衝国づくりを急ぎたかった。だが、大規模な武力衝突は避けなければならない。在留外国人は日本人三百四十人、中国人七千人（一九一二年、新中国誕生）。なるべくなら血を見ることなく過激派側に撤退してもらいたい。以下、『誰のために』によれば――、殺気立つ両者の間合いを図る石光真清諜報員の立場は微妙だった。「一役かってくれ」といわれても、特別な権限を与えられているわけではなかった。

コサック側は問いかける。

「お尋ねするが、貴下（石光）が（われわれコサック軍を）後援するというのは（日本）政府か軍を代表してのご意見か、それとも貴下の個人意見か」「私は公式の駐在武官でもなく外交官でもない。しかし軍の任務を帯びて駐在しているものである」

「いかなる権限を持たれるや」「申しあげるわけにはいかぬ」

一方、過激派側は石光の背後に「強力な日本軍」が控えているとみて言う。

「いよいよ連合国がシベリア共同出兵に決定したという情報がある。これはお互いに不幸なことだ。しばらく待っていただきたい」「私はそのような情報に接していない。そんな不幸な事態を起さないように治安を維持しようではないか」「反革命分子はわれわれの敵だが、連合国は敵ではない～誤りなくわれわれの意図を理解して貴国に伝えていただきたい」

死の街ブラゴベ

そうこうしているうち、過激派側が増援部隊を得て勢力を増す一方、頼みの日本軍出兵が実現しないことに悲観した反革命派側では脱落者が続出するようになった。いかがすべきか――。指示を仰ぐ石光の電報に対する軍部から的確な回答はなかった。ただ、助手役としてチチハル駐在の中山蕃騎兵中尉（のち陸軍中将）がやって来ている。

この組み合わせはどうだったか。「前者（石光）ハ豪傑肌、後者（中山）ハ猪突ニシテ」といった人物評もあるところだ。

市中の情勢は緊迫の度を加える一方だった。双方、連日のように大会を開き気勢を上げていたが、同年（中島少将ブラゴエ訪問の年、大正七年）三月九日、飛雪の早朝、ついに両者は衝突した。反革命派軍側に立って戦闘に参加した居留民男子で組織する日本人義勇軍からも死者三名が出た。三日後の十二日にも衝突。さらに義勇軍六名が命を落とした。

この事件は「ブラゴベ三月事変」と呼ばれ、反革命派側は大敗し、おびただしい死傷者が出た。かくて過激派が市政の実権をにぎった（のちシベリア出兵で日本軍が再占拠）。敗残の反革命派勢とそれを支持していた市民らは着の身着のまま、凍結のアムール川を対岸の中国領黒河めざして落ちてゆく。「氷上には点々と血潮の路ができた」

石光真清は『誰のために』に書いている。

「私はこの三ヵ月の間、祖国日本を信じ、国軍の決意が近く示されるであろうことを信じて、一日を稼ぎ、二日を延ばし、どうやらこうやら現状維持に努めて来たが、とうとう破れてこのざまである」「（反革命派の人たちは）日本の援助に僅かな臨みを託してとうとうこの惨劇に追い込まれてしまった。しかも日本が与えたものは何ひとつなかったのである。小銃一挺も、一ルーブル銀貨もなかったのである」

ここで余談を差しはさむと、一連の衝突事件に関しては、北野典夫『天草海外発展史下巻』(『本邦海外発展史』の著者)には、当時「特務機関員」だったという本多胡風による新聞記事「シベリアの想い出」が転載されていて興味深い内容となっている。

「在黒河特務機関(ママ)の中山蕃少佐(ママ)が首謀となり、黒河在留邦人を強要して、黒龍江をへだてたブラゴウエの過激派を襲撃した。しかし、第二日にいたり散々敗北し、死体を遺棄して黒河に逃げ帰り」「この無謀な戦いのために天草出身者より死者六名、多くの重軽傷者を出し、いまなお病院に呻吟している。されば、これら犠牲者の遺家族は、中山少佐に、『わたしの夫を返せ』『私の子をもとの体にしてやれ』とせまり、さすがの中山少佐も自決せんとするなど、一時はすこぶる険悪な空気であった」

アムール川(黒龍江)沿いにひろがるブラゴエシチェンスク市街全景(『西伯利事変記念写真帖』より)

事件発生のきっかけは日本情報機関の働きかけによるというのである。この場合、陸軍中央部からの指示があったことはいうまでもない。

誰のために

ともかくも大きな責任を感じた石光は、馬車、そり、汽車と乗り継ぎ、三日三晩かけてハルビンに出た。腹を切る覚悟だった。ハルビンでは例の中島少将が待ち構えていた。そして予想外の言葉でもって石光を出迎えるのだった。

「やったなあ、やった。思い切ってやったなあ」「まだ機密だが、日本も連合軍と共同で出兵することに決まった」「ブラゴベシチェンスクの事件が最後の決め手になった」

おい、おい、であった。少将の言う「最後の決め手」となった事件で、どれだけの破壊行為が行なわれ、どれだけ多くの人たちが死んでいったか（外国人を含め死者五千人）。これでは犠牲者が多ければ多いほどよかったと言わんばかりではないか。

さらに、その翌日のことだった。中島少将の部屋で会食していると、「堂々たる体格のコサック大尉」が訪ねてきた。直立不動の姿勢で握手を求めてくる。少将は紹介する。

「この方はカピタン（大尉）セミヨノフといって、極東三省の独立のため、目下満州里に根拠を置いて準備中だ」

戸惑うばかりだった。事態の展開があまりにも急なのである。

同時に不安めいたものを感じないではおられなかった。先の述懐でも記したように、日本政府と軍部の方針は積極性と一貫性に欠けていた。あてにしていた「日本の援助」がないま

ブラゴエシチェンスク市内で勢力を張った過激派最高幹部メンバー。前列左から４番目が指導者のムーヒン（『西伯利事変記念写真帖』より）

ま、ブラゴベのコサック勢は脱落者が相次ぎ、反革命派勢は敗れ去った。現地の人々の日本を見る目は歓迎一辺倒から冷ややかなものに変わりつつある。

これに対し、革命支持の過激派勢の意気込みはどうか。石光はブラゴベにおける過激派指導者ムーヒンの言葉を思い出している。彼は事件前、ブラコベ市内の治安維持に関する代理市長との会談で「テーブルをたたいて」次のように迫ったということだ。「信念を異にして妥協出来ない場合は、血の闘争もまたやむを得ないと思う。だが市長よ、この闘争はわれわれ自国民の間でなされるべきで、外国の武力を借りてなすべき性質のものでない」「外国の武力干渉を招いたら、戦争と革命のため疲弊したロシアは、将来これを排除出来なくなり、祖国分割の非運にあうと思う。聴くところによれば、コサックは日本武官と提携して反乱の陰謀を企てつつあると聞く。この事実を放置しておくつもりか。治安維持は市長の責任ではないか。速やかに彼等を国外に追放してもらいたい」

ムーヒンはザバイカル鉄道、東清鉄道の機関手出身の「闘士」で長年投獄されていたが、革命とともに解放され、これも工場労働者出のクラスノシチョコフ（後述）ら活動家と共にブラゴベ過激派の先頭に立っていた。石光とは敵対関係に位置していたが、その見識とタフな活動ぶりは目を見晴らせ、共感さえ覚えさせるところがあった。（のちムーヒンはコサック側に捕まり、銃殺された）

この分では日本軍シベリア出兵の展望は決して明るいものではあるまい。石光はやがて出兵してきたウラジオ派遣軍司令官・大井成元中将（のち陸軍大将）に直言している。「このようなざまでロシアの軍官民を掌握出来ないまま、中途半端な軍事行動をとっていることは根本的な誤りであり、国家にとって重大な損害になる」「これ以上の行動が出来ないならば、この際潔く撤兵すべき」

だが、返ってきた司令官の返事は冷たいものだった。

「君は一体誰のために働いとるんだ。ロシアのためか」

帰国を決意した石光はブラゴベの武力衝突で倒れた日本義勇軍犠牲者の忠魂碑に向かっている。線香をたむけ、凍りついた地面にヒザをつき、両手をついて頭を垂れた。

「ブラゴベ３月事変」に反革命派軍を支援して戦った日本人義勇軍。その多くが命を落とした（『西伯利事変記念写真帖』より）

「彼等は善良な市民であった。写真師、洗濯業、理髪業、ペンキ屋、貸席などのささやかな商人として、第二の故郷シベリアで生涯を過ごすつもりの人たちであった。ロシア人の良き友として彼等は愛された。内地から現れて天下国家を論じ、大言壮語して消えゆく連中とは肌も合わず、世界の違う人々であった」（『誰のために』）

先の風雲児島田元太郎の場合、ロシアの大地における日本人居留民の生き残り策を模索し続けた（自身も長男、二男の名前にロシア名をつけていたほどだった）。諜報員石光真清もまた、ロシア人や中国人の生き方に共感と親近感を持っていた。その多くが騒乱に巻き込まれた。そして「ロシア人の良き友」として「ささやかな」生活を望みながら倒れていった日本人義勇軍犠牲者たち。石光は「国家の名の下」に行なわれる「謀略」なるものに対し、大いなる疑問、抵抗の念を覚えたのではなかったか。

太平洋戦争中の昭和十七年（一九四二年）五月十五日、石光真清死去。才覚に意地と人情をにじませ、さまざまに織りなした七十三年にわたる生涯だった。折からミッドウェー海戦。ガダルカナル島攻防戦――。明治、大正、昭和と、先人たちが営々として築き上げてきた「大日本帝国陸海軍」の前途に暗い影がさしはじめた年に当たっていた。

生家が熊本市に現存する。平成二十四年（二〇一二年）六月、所有者から寄贈を受けた市では修復工事を急ぎ、一般公開する計画という。

第四章　おらが総理田中義一

恐露病と参謀次長

日露戦争で日本は死力を尽して戦い、辛くも勝利をつかんだ。しかし、ロシア側はなお十分な余力を残していたことから、講和後も日本国民の対露警戒論は払拭されることはなかった。

「曾テ世界ノ最強国ヲ以テ人モ許シ自ラモ任シ居タル者ニシテ、一朝我国ノ大ニ敗ル所トナル、上下ヲ通シテ遺恨限リナキハ理勢ノ共ニ当ニ然ルヘキ、早晩我ニ向ツテ復仇ノ挙ヲ図ルヘキハ蓋シ已ムヲ得サルノ勢ナリ」（山県元帥「対露警戒論」『山県有朋意見書』所載、明治四十四年。明治百年史叢書）

こうした厳しい認識のなか、一九一七年（大正六年）十一月革命による帝政ロシアの崩壊、その直後から全土で繰り広げられる革命支持派と反革命派と間の激しい対立抗争は、日本政府と軍部をしてなんらかの対応を迫るものとなった。

混乱に乗じて長年の宿敵ロシアの脅威を少しでも遠ざけよう、緩和しようという発想が出てきても一向におかしくない。

「ロシア革命の勃発は極東の国際政治に重大な力関係の変動をもたらした。ツァーの帝国主義は北満から後退し、さらにシベリアにおいても力の真空状態が現出した」（一橋大名誉教授細谷千博『シベリア出兵の史的研究』）

とりあえず革命二ヵ月後の翌年一月、海軍は「居留民保護」を理由に軍艦二隻をウラジオストク港に派遣して「機変ニ備ヘシメ」る一方、陸軍は特務機関員を「西伯利ニ派遣シ露国穏健分子ノ支持ニ任セシメ」ている（参謀本部編『西伯利出兵史上巻』）。このうち陸軍による「露国穏健分子ノ支持」の意味するところは大きい。

一連の計画推進の中心人物が田中義一参謀本部次長だった。当時陸軍中将。「シベリアに関する意見」で次のように述べている。（高倉徹一編『田中義一伝記下巻』）

「露国人の団体成立し之を支持して有効なりと認れば必要なる兵器及軍資金を供給し、該兵器の使用及行動の指導に任ずる人員を派遣し」「極東の露国人を懐柔して自治国を作らしめ、将来之を指導して富源豊かなる地方を開発するの地歩を占むるは此時を逸す可らず～之れ即ち天佑にして、之を取らざるものは寧ろ千載の悔いあるべく……」

対米政策との狭間で

ここに出てくるのはバイカル湖以東の地における親日的な自治政権づくり、日露間の直接緊張を緩和させるクッション役を果たす緩衝地帯設定の構想である。

陸軍大将時の田中義一
（国立国会図書館蔵）

田中は緩衝地帯づくりのための前段階である「出兵準備業務ニ関シ各関係者間ノ意思ヲ疎通」させるため、陸軍中央部内に極秘のうちに発足した軍事協同委員会の委員長を務め、出兵計画を推し進めている。ただし、この田中の出兵構想がそのまま直に実行に移されたわけではない。最終的に判断する場として閣僚等で組織する政府の臨時外交調査委員会があり、当初はどちらといえば陸軍の出兵決行案に多くの疑問が呈されていた。

「出兵論は陸軍側より出たるものにて、陸軍がただ陸軍本位にて大局を解せず、其説の行はれざるや、田中義一等は山県（山県有朋、軍閥の元老）を動かし、山県より寺内（寺内正毅、当時首相）を圧迫せんと企て居るものの如し」（『原敬日記第七巻』）

その後、ロシア内戦の推移と米国政策の変化と共に出兵肯定論が大勢を占めるようになっていく。先の調査委員会幹事長の任にあった後藤新平外相も次のような見解を持つに至った。

「西比利亜独立団体ヲ擁護シ～帝国トノ親善密接ノ関係ヲ確実ニシ～米国ノ経済的活動ニ対抗シテ帝国ノ経済的勢力扶植ヲ容易ナラシムル」（鶴見祐輔『後藤新平第三巻』）

なお、『原敬日記』の原敬（一八五六～一九二一）は岩手県出身。寺内の後を継いで首相となり初の「平民宰相」といわれた（のち東京駅で暗殺さる）。田中義一もやがて首相となって出身地の山口弁から「おらが総理」。

（支那に對する日米）

韓○國○を○後○に○し○右○手○を○延○ば○し○て○支○那○を○掩○は○ん○と○せ○る○上○を○更○に○押○へ○居○る○ア○メ○リ○カ○の○巨○手

支那（中国）への利権争いを風刺するロサンゼルスタイムス紙（『新公論』明治41年１月号より）

　ところで日露戦争のあいだ、あれほど日本に同情と支持の念を寄せていたルーズベルト大統領の米国との関係は、日露戦後、急速に冷えていっている。ここらへん国際政治学者として知られた京大教授高坂正堯は『不思議の日米関係史』で次のように記している。

「アメリカはロシアが北西太平洋で強大になりすぎることがその国益に反すると考えていたのであり、だからそれと戦う日本に好意的になり、支援したのであった」「その日本が強大になりすぎることは脅威のありかが替わるだけであった」

こちらは「恐日病」というわけか、と、宇垣陸軍大将は『宇垣一成日記第一巻』（大正九年）に少し皮肉った調子で記している。「往時劣等人種として排斥されたのが、今日では恐るべき国民として排斥され～前の排日が今や一種の恐日に変りて来たとも見える」

それが高じて米国は近未来における日米戦争を念頭に置くようになっているから相当なものだった。そんな真剣になることもあるまいに、日本を仮想敵国とする「オレンジ計画」なるものすら立案されている。日本も即応し、ほぼ同時期の明治四十年（一九〇七年）、対米戦を想定した「帝国軍用兵綱領」をつくった。

さらにルーズベルトの後継者として大統領となったタフトは次のような演説をしている。「米国は比律濱群島（フィリピン）を領して支那の隣国となれり～（支那は）幾世紀の長眠より醒め～巨大の人口巨大の富源を有する帝国となり、もって外国の横暴侵略を脱せんとしつつある支那の発達に関して、米国はますます大なる利害を感ずるに至れり」（エール大学教授朝河貫一『日本の禍機』。原書、明治四十二年刊）

支那（中国）の利権をめぐり、またぞろ新しい日米対立問題が出てきたのだった。

白色艦隊の訪日

一九〇八年（明治四十一年）十月、世界一周航海途上の戦艦十六隻から成る米国大白色艦隊（グレート・ホワイト・フリート）が横浜港にやって来た。あのロシア・バルチック艦隊を撃破した日本連合艦隊の全戦艦七隻をはるかに上回る大艦隊であった。

横浜訪問の表向きの理由は「親善訪問」だったが、その実、明らかに日本に対する示威行動といえた。全艦、艦体を真白に塗装していたことから「白色艦隊」と呼ばれ、幕末のペルリ提督来航時の黒船騒動に匹敵するような「白船騒動」となっている。

折から日米関係が一段と冷え込んでいたときでもあり、欧米の一部ジャーナリズムは「すわ日米開戦か」とあおりたてた。風説をまともに信じた「同艦隊から逃亡米水兵続出」という悲喜劇も起きている。直前の米西戦争（一八九八年）で植民地フィリピンを奪われ、憤まんやるかたないスペイン貴族有志からは、日本政府に対し「貴国が米国と一戦交えるなら、及ばずながら資金援助をいたしたい」との申し出があったほどだった。

このようにシベリア出兵をめぐる問題は日本政府と軍部をしてその対応を悩ませるものとなった。対露警戒論側に立てば、革命後の国内混乱に乗じて長年の宿敵ロシアを再度凹ます絶好の機会といえた。反面、米国内の対日警戒論を考慮すれば、おいそれとシベリアに出ていくわけにはいかぬ。日本軍の出兵に難色を示しているからなおさらだ。

白色艦隊来航でも見たように米国は強大な軍事力を持つ国なのである。それに、当時、日本の貿易収支に大きく貢献していた対米輸出品の大宗は生糸関係であり、貴重な輸入品として綿花と鉄鋼原料があった。これら品目の輸出入がストップされただけでも日本経済は干上

「大白色艦隊」横浜来航を報じる時事新報。写真は司令長官スペリー少将と旗艦コネチカット（明治41年10月18日付）

がってしまう。経済面からみても対米依存症は明らかであった。

ところが、よくよく諸々の情報を分析してみると、その米国はロシア国内に兵を進めることに必ずしも反対ではない様子なのである。

「（ヨーロッパ・ロシアの）アルハンゲリスクとムルマンスクに所在していたイギリス軍は総数一万八千四百名に及んでいた。このイギリス軍と共同戦線を張っていたのはアメリカ軍五千百名、フランス軍千八百名、イタリア軍千二百名、セルビア軍千名、（反革命の）白色ロシア軍約二万名であった」（マイケル・セイヤーズほか著大木貞夫訳『反ソ秘密戦争』）

なんのことはない。米国はヨーロッパ・ロシアの北部戦線において、この時点では侵攻こそしていなかったものの、出兵準備を急いでいたのだ（のち侵攻開始）。それにもかかわらず、こちらのシベリア戦線となると、ぐずぐず言う。別の思惑があるようだった。

「米国が其の（シベリア）出兵問題に対し、敢えて賛意を表白せざりし理由は〜露国の歓心を買て米露接近を図り、利源獲得の宿志を遂げんとするに在り」「必ず巨大なる資本を以て経済的計画を実行し、既に其の整理を管掌する西比利亜鉄道に由り、西方に向て其の発展を図るや、疑を容れざりしなり」（大津淳一郎『大日本憲政史第八巻』昭和三年）

そんな米国の思惑は十分に分かっていても日本の置かれた立場は厳しいのである。

「米国の西比利亜に於ける利害は、単に経済的関係に止まれり〜我帝国（日本）は之に反し、西比利亜と満蒙は接壌の地域にして、同地方の治乱は我が国防策の安危如何に関する最も重要なるは、論を俟たず」（同）

そこで、と、軍部はそれなりに手を打っている。一衣帯水の「接壌の地域」にあって「国防策の安危」が問われている国としては、胸に一物、いや二物も三物も秘めた米国の鼻息ばかりうかがっているわけにはいかないのだ。

それに革命ロシア「赤化思想」は天皇制絶対主義の帝国日本の国体とは全く相容れぬものだった。さらにいえば、一九一〇年（明治四十三年）の日韓併合を「屈辱」とする朝鮮民族の政治運動があった。

当時、在シベリアの朝鮮人は三十万〜五十万といわれ、ロシア革命に鼓舞されて「シベリアは再び独立運動の有力な根拠地となりつつあった」（『現代史資料第二十七巻』）。このため、なんとしても朝鮮半島全域への社会主義思想の浸透は食い止めたかった。

出兵宣言

ウラジオストク港にて冬営中の軍艦「石見」（当時、一等海防艦。『西伯利事変記念写真帖』より）

日本軍部が打った目に見える布石のひとつが、先に触れたウラジオストク港への軍艦派遣だった。ロシア革命が起きて二ヵ月後の大正七年（一九一八年）一月、第五戦隊軍艦「石見（いわみ）」と「朝日」の二隻を入港させている。

これにはウラジオストク駐在の連合国領事団から「いつ暴動の発生を見るかも知れない事態に備え」て連合国軍艦派遣の必要があり、「とくに日本から至急軍艦に入港せしめるよう要請」を受けたことも背景にあった（『シベリア出兵の史的研究』）。英艦サフォークもほぼ同時期に到着した。米艦ブルックリンもやってきた。

もうひとつの布石として、バイカル湖東部のザバイカル地区で反革命政権樹立に動いていたコサック統領セミヨノフの支援に当たっている。時期的には日本軍艦のウラジオ入港直前のことで、参謀本部の特命を受けた荒木貞夫中佐（のち陸軍大将、陸軍大臣）、黒木親慶大尉（のち少佐、チタ特務機関長）らがセミヨノフ軍の参謀兼指導官となっていた。（このセミヨノフについては、前章『諜報員石光真清』でその偉丈夫ぶり? を紹介した）

さて、そもそもシベリア出兵なるものとはいうと、フランスと英国で画策され、日本と米国に持ちかけられたものだった。革命勃発で連合軍の一員である帝政ロシアは敵国ドイツ同盟軍と休戦したが、ロシアには旧帝政軍に協力していたチェコスロバキア軍五万がいた。休戦で彼らは行き場を失い、シベリア経由で欧州に向け脱出を図ったものの、随所で革命政府支持派軍、いわゆる過激派と衝突した。そこで彼ら軍団の救援作戦が図られることになった。救出して欧州戦線に再投入すれば敵ドイツ同盟軍に大きな脅威となり得る。

前述のように米国は当初、日本の大陸発展策を警戒して動かなかったが、やがて「人道」「デモクラシーのための戦争」の名のもと、チェコ兵救援作戦への同意を表明している。

「もしもソビエト・ロシアに対する干渉が日本だけによっておこなわれることになれば、アメリカ人が極東でその（膨張）計画を実現することは不可能になろう、と心配したのである」（ソ同盟科学アカデミー東洋学研究所編相田重夫ら共訳『極東国際政治史・上』）

米国の方針変換を受け、日本は直ちにシベリア出兵を宣言した。軍艦のウラジオ派遣から七ヵ月後の同年八月二日のことだった。翌三日、米国も同様の出兵宣言を行なっている。

余談だが、ウラジオ入港の日本軍艦二隻のうち、石見はつい先年の日本海海戦で日本海軍が拿捕した旧ロシア戦艦アリョールだった。だから同艦の入港は日露戦争敗戦の記憶が未だ生々しい地元ロシア人の感情を考えれば無神経過ぎた。見かねた英国領事が「よそへ移したら」と忠告したのだが、日本側は無視したという話が残っている。

英国は長年にわたる植民地経営の経験を持つ古ダヌキだ。ここらあたりの機微は十分に心得ている。新興国の日本が、以降もこうした面に無知、不勉強であり、一方的な価値観を相手側に押し付ける向きがあったことは、その後の歴史的事実が物語る通りである。

石戸事件

ところで、入港から出兵宣言に至る七ヵ月もの間、ウラジオ港に停泊中の日本軍艦はどうしていたのか。前章で(風雲児島田元太郎に関して引用した)石見座乗の加藤第五戦隊司令官による『加藤寛治日記』(大正七年分)をみると、いささかあせり気味で同艦乗組の陸戦隊上陸の許可を求め、たびたび東京に打電しているのが分かる。

当時のウラジオ市内の状況については居留民会副会頭堀江直造(堀江商店経営)の一九一八年(大正七年)初頭の日記に詳しい——。

一月二十日、領事館へ加藤司令官及総領事の催しに関る「アトホーム」に列席す。二月一日、水兵、市中見物に上陸する事となり、一日三百二十名が午前午後に分かれ上陸(銭湯入浴、茶菓提供で接待)。十一日、紀元節〜軍艦朝日に加藤司令官より招待を受け、在留民の主なる人六十人余参列す。十九日、水兵上陸の休息所を本願寺へ依頼。(軍に関係する記事だけを抜き出してみたが、とくに異常な出来事は起きていない。水兵や陸戦隊は市中見物など「散歩」程度の上陸は許されていた様子が分かる)

三月五日、リーグ(地元露人自警団)の委員一名来訪し〜市中の治安保護のために、日本の自衛団より二、三名の派出を願いたし云々。六日、労兵会（過激派）、地元商業会議所会頭ら四氏を拘禁せり〜今夕十時頃より市中危険の兆しあり、注意を要すとの風説あり。七日、商業会議所の四名は昨夜九時解放されたりと。二十五日、本日、郵便電信局、過激派の引渡し要求に遇いしと聞く。（三月に入ると、やや物情騒然といった雰囲気になってきた状況がうかがわれる。当時ウラジオ市内には反革命派と過激派の陣営が混在していた）

そして、事件は起きた。

四月四日、午前十時、石戸義一方へ四名の兇徒、買物をなす風を以て来店〜ピストルを差し向け〜一発、続いて二発連発し、同氏の顔面其他に重傷を負わせ、続いて同氏の弟に迫りて又数弾を撃ちて死に至らしめ〜惨たる光景にして在留邦人の大恐慌を来たせり。（堀江直造の孫、元中学校教諭堀江満智『遥かなる浦潮』から引用。以下同）

大事件である。堀江直造は興奮気味に日記を書き続けている。

四日（続）、日本邦人白昼兇徒に惨殺されたるは、今や一日たりとも本邦人は安心して在住する事能わざる危険に迫れるを以て、何等かの方法を以て救護されん事を居留民一同を代表して副会長自分の名を以て請願する事に決し〜。五日、午前五時過ぎ我が海軍陸戦

東京朝日新聞

◇強盗団に襲はれたる浦潮の石戸商会◇

陸戦隊浦潮に上陸して

邦人を保護す

―邦人商店が強盗団に襲撃されたのが動機―

在留邦人の第一犠牲

石戸氏の一家

腕一本で仕上げた主人

市長の初登庁

石戸事件を伝える大正7年4月7日付東京朝日新聞

石戸事件時、不安気に集まった居留民とロシア人
(『西伯利事変記念写真帖』より)

隊上陸を始む。本願寺に一隊を、領事館に本部を置けり。威風堂々全市を圧するの感あり。

先述の出兵宣言（八月二日）を待たず、四月の段階で、ここウラジオストクでは「威風堂々」の出兵第一歩が印されていたのだった。もっともこの陸戦隊上陸について先の細谷千博『シベリア出兵の史的研究』は、加藤司令官のあせりと見なし、陸軍との対抗意識からの「海軍独自の構想による」出兵だったと指摘しているところでもある。

「あたかも派兵（出兵）の名分をつくるかのように発生したのが、四月四日の日本人殺傷事件であった」「この事件は加藤司令官の目的にただちに利用される。二隻の軍艦から陸戦隊の上陸が命令され、五日、上陸した陸戦隊は市中の警備に当たった」

かくて出兵へ

たしかに謀略のにおいがぷんぷんとする事件だった。現場検証に立ち会った堀江直造は早くも事件発生翌日（五日）の日記に続報を書きつけている。

「石戸氏の加害者は、或るコーヒー店にて学生（東洋語学校）の談話によれば、石戸氏方裏に居住する某とて、元は（日本陸軍）第四連隊に出ておりたる者等四名なりと」

事件直後から居留民の間で軍によるヤラセ説が駆け巡っていた様子がうかがえる。若僧の学生ですら、旧軍人を含む日本人の仕業だ、と。そんな際どいことを口走っていたのだ。

ここに、酒井勝軍という「独自」スタイルのキリスト教伝道者がいる。編著のひとつに『神秘之日本』がある。主宰した同名の雑誌を合本したもので、うち第五巻（復刻版。原誌、昭和十二年刊）によれば、酒井は事件の一年前、石戸事件の被害者の石戸義一とウラジオ日本人墓地で「日本及日本人の将来について神に祈願を捧げ」たあと、次のような会話を交わしている。石戸もクリスチャン。かねて親交があった。

「居留民五千人のために死んでくれないか」「そんな必要があるなら私は浦潮に止まって犠牲になりませう」

唐突な会話で戸惑わされるが、事件発生の報を受けた酒井は記している。「日本人同志の殺傷では（居留民保護を看板とする陸戦隊上陸の）理由にならず」「若し民会が其犠牲たらんことを志望する人を募った場合には、石戸君は第一番に之に応じたことは余が固く信ずるところである。蓋し君は一年前から人知らず之を覚悟して居ったからである」

被害者の石戸商店主・石戸義一は自ら志願して謀略の犠牲になったというのである。

そんな具合だったたから、相手ロシア側の革命政府指導者レーニンは怒り心頭だった。

「すべてのことがあらかじめ準備されたものであり、二人の日本人の挑発的な殺害も、この準備に必要な一部分を構成しているものなのである。このことは疑う余地はない」「幻想を抱いてはならない。日本は必ず攻撃してくる」「だから、後れを取らぬように準備を始めなければならない。真剣に準備をするのだ」（『レーニン全集第二十七巻』）

ただ、この陸戦隊上陸は海軍独自の活動としてウラジオ市内の警備程度にとどまり、地元行政当局から厳重抗議はあったものの、大きな紛争に発展することはなかった。そこで、一連の出来事をシベリア出兵とは切り離し、「ウラジオ出兵」と呼称する資料もある。

ところで、興味あることにこの事件が米国政府の目には「さして重大とは映らなかった」ことがあった。なぜなら、「ハイチ、ニカラグアその他で、米国が自国民の生命、財産保護の必要上しばしば取る（手段と）類似なケース」だったからだった（『シベリア出兵の史的研究』）。なんともはや、語るに落ちるとは、このことか。

米西戦争の端緒となったキューバ・ハバナ港での米艦メイン号爆破事件にしても米軍謀略説がささやかれたものだった。スペイン側にいわせれば、米国側から無理無体に「仕掛けられた戦争」だった。例の白色艦隊横浜来航のさいにスペイン貴族から日本に「対米戦資金援助」の申し出があったのも、ダテや酔狂でなく、それなりの理由があったのだった。

ロシア留学時代

それはともかく、ウラジオ軍艦派遣、出兵宣言といった経過をたどり、日米はじめ、英仏ら七ヵ国の軍隊は続々とシベリアの大地に侵攻していった。兵力は米国九千、カナダを含む英国六千八百、イタリア千四百、フランス千二百、中国二千。これに対して日本は最大時七万二千の兵士を動員した。（念のため再度述べると、ほぼ同時期、ヨーロッパ・ロシアでも、日本を除く米英仏らの連合軍が一斉に侵攻を開始している）

来日したフランス軍飛行士と写真に収まる飛行服姿の田中義一陸相（左）。飛行機の開発に理解があった（『田中義一伝記・付録写真帳』より）

さて、この出兵劇の急先鋒だった田中義一のことだが、元治元年（一八六四年）、山口県萩に生まれている。陸軍士官学校、陸軍大学校卒業。郷土の大先輩である長州軍閥の元老山県有朋に見出され、参謀部次長から陸軍大臣（陸軍大将）、ついには内閣総理大臣までになった。有力者のバックアップがあったとはいえ、凡庸な男だったら、とてもこうはいかなかっただろう。優秀な軍人だったようだ。

日露戦争前の大尉から少佐時代、四年間にわたって当時ロシアの首都ペテルスブルクに留学した。河谷従雄『田中義一伝』（昭和四年）に従えば、留学費用は「田中の要求するまま」日本政府丸抱えだったというからエグい。それだけ期待がかけられていたということになろうか。そして、その「潤沢な軍資金」と持ち前の向日性のあけすけな性格でもって上流社会に深く食い込み、かのクロパトキン将軍の推挙により伝統あるアレキサンドル三世第百四十五連隊付将校にもなっている。

父親の名前（信佑）の一部を借用して「ギイチ・ノブスケビッチ・タナカ」、通称ノブスキーを名乗った。これも留学中の広瀬武夫海軍大尉（のち旅順港口閉塞作戦で戦死。最終階級海軍中佐）と一緒に社交に必要なダンス習得に励んだ（柔道の広瀬は軽快に腰が使えず、たびたび女性教師から竹の根っこで作られたムチでたたかれていた）。あるいはギリシア正教に入信するなど、ロシア人上流社会の風俗習慣に順化するための苦心を重ねた。

留学に名を借りた国情探索、軍事情報の収集に目的があったことはいうまでもない。

その留学を終えて帰国したときの帰朝報告が、この男らしかった。大国ロシア相手では勝利は困難として「開戦自重論」を主張か、と思われていたのだが、「露国の軍隊恐るるに足らず」とブッたから、周囲をびっくりさせるに十分だった。

「四年間露国にあり～露国軍隊を実見して、其の強大なるを報ずると共に、日本の自重を要する事を力説するであろうことも併せて考へられていた」（『田中義一伝』）

それが「恐るるに足らず」だったのは、上流社会や軍部の専制横暴と退廃、社会の底辺であえぐ労働者層や農民層の積もりに積もった不平不満。身をもって見聞きした成果に基づく結論だった。「此の復命は軍部の対露決心を定むるに十分」だったとある。ま、これだけがすべて決め手というわけではなかったろうが、このあと田中は参謀本部露西亜課の主任として対ロシア戦の「綿密周到な計画」を練ることになったのだった。

留学時代、帝政ロシアの支配下にあったポーランドの独立運動家とも接触があった。

「日露相戦う時、諸君は露軍に参加して遠く西伯利亜に行くか、或は留ってポーランド独立の大業を企てるか～熟慮して而して断行する勇気が諸君に期待される」と熱弁をふるっている（『田中儀一伝記上巻』）。日本と敵対するなかれ、母国の民族独立運動をやれ。そんな過激な扇動演説である。ロシア側にバレたら即国外退去は免れなかったろう。

シベリアにはポーランド難民や独立運動家の政治犯流刑囚が多数送られていた。やがて起きた日露戦争、そしてロシア革命で家庭が破壊され、多くの孤児たちが悲惨な状況に陥ることになった。日本赤十字社はシベリア出兵中の日本軍の協力を得て七百六十五人を救出。日本国内で加療、休養させたのち、母国に送り届けた。当時参謀本部次長の職にあった田中義一のバックアップが大いに力づけたにちがいなかった。

——平成八年（一九九六年）七月、前年発生した阪神淡路大震災の被災児童二十八人がポーランドに招かれている。元ポーランド大使兵藤長雄『善意の架け橋』によれば、同国有志団体による「七十五年前の恩返しの思いも込めた夏休みのプレゼント」だった。

大阪市立公民病院に収容されたポーランド孤児たち（日本赤十字社社史稿第４巻より）

パーティには、高齢、足元もおぼつかない四人の元シベリア孤児が無理を押して出席。涙のうちに日本人被災児童の一人一人の手を取り、バラの花を手渡したということだ。

反動内閣事情

昭和二年（一九二七年）四月に発足した田中内閣は「反動内閣」といわれ、現代に至るも研究者間の評判は随分とよろしくない。二年三ヵ月の在任中、三・一五事件（共産党関係者検挙）、治安維持法改正、四・一六事件（共産党員全国一斉検挙）など国民生活に少なからず影響を与えた施政がみられた。「大正デモクラシーの時代から昭和ファシズムの時代への橋渡し役を担った」（纐纈厚（こうけつあつし）『田中義一』）と決めつけられるゆえんである。

「ロシア時代に学び取った革命運動のエネルギーと、それへの警戒心、軍隊と国民の関係強化の必要性など、いずれも陸軍大臣や首相時代に教訓として活かされることになり、政策となって実行に移されるケースも少なくなかった」

帝政末期のロシア社会で顕著だったのは専制政府や軍隊と一般民衆との間に横たわる救い難いミゾだった。民衆は軍の苦戦にもソッポを向き続けた。これが日露戦争におけるロシア敗北の大きな要因と見る田中首相は、「国民の軍隊化」「軍隊の国民化」、すなわち「国家総動員体制」を打ち出した。あるいは一連の思想弾圧にしても、結成して日が浅い日本共産党がソ連邦を根拠地とするコミンテルン（共産主義インターナショナル）に組み込まれてその下部組織・日本支部となり、国体転覆につながる国際共産主義運動に走ることへの強い警戒感があったのだった。

ここらへん、米国とて似たような状況にあった。「無政府主義取締法」が制定され、公開の場で赤旗を掲げただけで禁固二十年以下、もしくは罰金二万ドルが課せられた。無政府主義者が強盗殺人容疑で死刑となったサッコ・バンゼッティ「冤罪」事件も起きている。

田中内閣の場合、対外的にも強い態度で臨んだことから、とくに対中国関係で深刻な事件が記録されている。山東出兵、済南事件

政治家時代の田中義一
（国立国会図書館蔵）

（いずれも居留民保護が出兵理由にあげられた）、張作霖爆殺事件——。これら紛争が起きた舞台は山東半島周辺と満州の地。いざ対ソ戦とならば、重要な後方基地となる地域である。軍部としてはここらあたりの地域と海域をしっかり確保しておきたかった。側面や後方が心許なかったら安心して戦えるものでない。たしかに本題のシベリア出兵に際しては、日本は中国政府と日中軍事協定「日華陸軍共同防敵軍事協定」を結び、後方、側面をしっかり固めてからの出兵だった。

以下はいささか本題から外れるが、のちの軍部（関東軍）は昭和十年（一九三五年）代初頭、満州から西北地域—内モンゴル、新疆ウイグル、チベット—を結ぶ「中央アジア防共回廊」構想を打ち出している。長大なソ連国境線に対応するもので、ソ連勢力の南進を防ぎ、

一方でその横腹を随所で衝くことが可能となる。（拙著『ソ満国境1945』）

この構想には中国封じ込めの狙いもあった。ソ連と事を構えるにも、日本軍の背後に位置することになる中国の態度がオカしかったらお手上げだ。そこで中央アジア諸国の完全独立を図って中国の領土拡張を阻止する一方、中国領内に住む少数民族（とくにイスラム教徒）の離反意識を高揚させる案だった。「当時の日本が～民族問題という入り口を見つけ、中国を連続的に分裂させることに成功したという事実は、今になって人々を驚かせる」「多民族国家中国の弱点をついたのである」（中国作家協会理事張承志『回教から見た中国』）

いま、中国領に組み込まれた新疆ウイグル自治区（東トルキスタン）で多発する反中央政府活動。チベット自治区で相次ぐ僧侶の「抗議」焼身自殺。あるいは内モンゴル自治区における漢人と地元モンゴル人の鋭い対立、といった厳しいニュースが続いている。

現代においても、「当時の日本」が鋭く衝いた「多民族国家中国の弱点」は生きているのだ。

見果てぬ夢

話は田中首相に戻るが、一連の緩衝地帯設定の構想は単なる思いつき、この種の話にありがちな大言壮語の類いでなく、早い時期からその考えを温め続けていたことがいくつかの資料からうかがわれるところだ。

「田中大将には大きな夢があった」と、田中首相私邸で新聞係秘書を長年務めた高倉徹一は『田中義一伝記下巻』で書いている。「歴史的に観て露国の南下は避けられぬ、そのため日露戦役は起ったし、伊藤博文、山縣有朋、桂太郎等の郷党の先輩も日露の間を調整すべく努力したのを眼の当り見ている」「此の先輩の意志を継いで、何とか干戈に訴えずして両国の関係を持続するには、我に備えあるを知らしめると同時に、満州、蒙古、朝鮮、而してシベリアを含む広大なる緩衝地帯を設定するのが、理想的だとする大きな夢を、その死に到るまで持ち続けたのであった」

たとえば——。明治三十九年（一九〇六年）三月、日露戦争が終わって半年足らず。サクラが咲いていた。前章の主人公・諜報員石光真清は田中参謀部次長に呼び出されている。戦争中の「苦労」をねぎらわれたあと、さっそく用件を伝えられて驚いた。（石光『望郷の歌』）

「もう一度満州に行ってみる気はないかね」

「どこですか」「蒙古だよ」

この場合の「蒙古」とは、現在のモンゴル国あたりではなく、満州領内の西北地域を意味するものだったが、田中次長は日露戦役の後始末に追われながらも、早くも次のステップに目を走らせていたことが分かる。

あるいは大正十四年（一九二五年）、宗教団体大本教の教祖出口王仁三郎（でぐちおにさぶろう）が世界宗教連合会を旗上げしたさい、発起人名簿にその名を連ねている。「発起人には内田良平、頭山満、田中義一、そして白系露人のセミョーノフ将軍まで入っている」（海野弘『陰謀と幻想の大アジア』）。王仁三郎もそうだったが、右翼の大立者である内田や頭山もまた、大陸における「世界的な中立国」建設、「蒙古独立」を志向する人物だった。

そして、この「中立国」問題に関しては、新生ソ連邦最高指導者のスターリン書記長までが、「で、どうなってんの」と顔をのぞかせてくるのだから魂消てしまう。

昭和二年（一九二七年）十月、田中首相は久原房之助（「鉱山王」、久原財閥総帥）を「帝国政府特派海外経済調査委員」に任命、ソ連とドイツの経済状況視察に派遣した。田中首相から託された密命を帯びていた。

「スターリンに会え」

伝記編さん委員会編『久原房之助』などによれば、同年十二月、モスクワで両者は「日本人通訳一人以外、第三者を交えぬ対談」を延々四時間半にわたって続けている。スターリンは最大の政敵トロッキーを追放した直後でほっと一息ついていた時期だったし、久原は久原で、緩衝地帯づくりに関して自分なりの構想と持論があったから話に熱が入った。

久原独自の構想は「三国緩衝地帯設置」案というものだった。①ソ連からはザバイカル湖以東のシベリアを、中国からは満州を、日本からは朝鮮を、それぞれ拠出して非武装自治区とし、日ソ中三国の緩衝地帯とする②日ソ中三国の代表が委員会を組織し、この自治区を監視する③自治区は、列国に対し、機会均等、門戸開放の立場におく――。

会談の内容は非公開であって、もちろん議事録類も作成されなかったが、のち久原自身が書いた『世界維新と皇国の使命』（昭和十七年）のページをめくってみると、「ス氏（スターリン書記長）はすこぶる興味を以て色々質問してきた」とある。

「ス氏は『一旦緩衝国を建て々も、かねて三国中勢力のある者が之を圧迫して属国的のものにして仕舞ひはせぬだろうか』と懸念して居た」「私は〜『左様に外部から力でどうかうすると云ふようなことでは、（最初から）全然存在の意義をなさぬ〜』と力説した」「ス氏も大体其の趣旨を納得した模様であった」

スターリンとの会談で好感触を得た久原は、中国・張作霖に対しては「別に方策を樹て々、既に成案を得て居たのであるが」「其の内に事の行違ひから例の張作霖爆死事件が起って、此の問題は一応御破算となった」。のちのちまで残念がっていたという話である。

往時茫々——、というべきか。

第五章　アタマン・セミヨノフ

レーニンの演説

一九一八年（大正七年）八月、米英仏、そして日本を中心とした連合諸国軍のシベリア出兵を受け、苦境に陥ったロシア革命の指導者ウラジーミル・レーニン（一八七〇～一九二四）は政府機関紙イズベスチアなどを通じて「同志諸君」の奮起をうながしている。

「ロシア社会主義ソビエト共和国の外敵は――イギリス、フランス、日本、アメリカの帝国主義である。この敵は、いまロシアを攻撃して、わが国土を略奪し、（ヨーロッパ・ロシア方面では）アルハンゲリスクを占領し、（極東シベリア方面では）ウラジオストクからニコリスク、ウスリースクまで前進した」「同志諸君、われわれの状態は苦しい。しかし、われわれはすべてを克服し、われわれのかかげた社会主義の旗を自分の手でにぎりつづけなければならない」（『レーニン全集第二十八巻』）

ことほどさように新生革命ロシアを取り巻く国際情勢には真に厳しいものがあった。

ヨーロッパ・ロシアのアルハンゲリスクとその周辺には英米仏伊の計二万六千五百とセルビア軍一千、白色ロシア軍（反革命派軍）約二万が展開。一方、極東のシベリアには日米英軍ら二万五千が出兵していた。このうち日本軍の兵力は「日米合意」によって当初一万二千（米は七千）だったが、のちその兵力は七万二千までに達している。

大勢はすでに決していたとはいえ、欧州戦線を中心に第一次世界大戦の戦火は続いていた（連合諸国軍シベリア出兵四ヵ月後の一九一八年十一月、終戦）。そんな片方でドンパチやっている最中でのロシア侵攻だった。ロシア革命の世界に与えた衝撃のほどが分かる。

白衛軍VS赤衛軍

出兵の直接名目は革命ロシア内で立ち往生しているチェコスロバキア軍の救出作戦だったが、裏面の事情には「複雑微妙」なものがあった。

それまで諸外国はロシアに膨大な資本を投下していた。社会主義革命によってこれが回収できなくなるとあっては、その成功を歓迎するわけはなかった。加えて英仏は自国が抱える植民地経営に革命の影響が及ぶことをなによりも恐れた。

ほかにも「戦争動機」があった。

「（連合軍の）代表者は滅多に口を開かなかったが、結局は、ボルシェビキ（革命政府）に対する政治的十字軍であり、聖戦であり、改革運動であるというものであった」「しかしながら『反ボルシェビキ』は第二次的役割を演じたにすぎなかった。もっと重要な動機は北ロシアの材木、ドネッツ盆地の石炭、シベリアの金、カフカーズの金などであった」「英仏日（そして米）の侵略者どもを魅惑したのは、ロシアを征服する者を待つ数々の貴重な分捕品だったのである」（『極東国際政治史上巻』）

これら連合諸国軍と、その支援を受けて共同戦線を張ったのはロシア国内における旧帝政軍系将軍の反革命勢力だった。マイケル・セイヤーズほか著大木貞夫訳『反ソ秘密戦争』によれば、まず北方と西北方には英軍とユーデニッチ将軍の反革命軍がおり、南方には仏軍から軍需品と増援部隊とを十分に受けたデニキン大将がいた。東には英軍軍事顧問の指揮下にコルチャク提督の軍がウラル山脈に沿って陣を張っていた。これに加えて西方では仏軍将校が指揮するポーランド軍が進軍していた。

旧帝政軍系の反革命勢力は「白衛軍」「白軍」とも呼ばれた。この呼称は労働者農民の義勇軍で組織された革命支持派軍、つまり「赤衛軍」に正対するものだった。なお、いわゆる「赤軍」は革命政府正規軍を意味した。

モスクワ市内で気勢を上げる赤軍部隊
（大正８年10月27日付東京朝日新聞）

こうした反革命集団は連合諸国軍シベリア出兵の一九一八年夏の時点で、ロシア全土と周辺のウクライナなどを含め、総数三十三に達した（細谷千博『ロシア革命と日本』）。ただ、これらの勢力は「反革命」では一致していても（連合諸国軍の出兵名目が動機・思惑の面でそうであったように）その信条、理想はばらばらだった。王政復古派から穏健派の社会革命党、無政府主義を唱える一党さえあった。共同作戦や統一作戦を組むことはなかった。各個に戦った。やがて態勢を立て直した赤衛軍や赤軍は、この弱点を衝くことになる。

モスクワから遠く離れたウラル以東の極東シベリアにおいても、ウラルのコルチャク提督の軍を含め、反革命勢力の動きは活発だった。

「英仏日米の諸政府はソビエト政権に対する反革命的反乱を組織した極東の白衛軍の将軍たちを支援した。アタマン・セミヨノフ、革命前まで東支鉄道をおさめていたホルワット将軍、コルチャク提督およびその他の人びとは、帝国主義干渉者の代理人であり、雇い人であった」「セミヨノフは日仏英、コルチャクは英仏米から、その援助を受けた。米政府はシベリアと極東に対する広範な侵略計画を追求していた」（『極東国際政治史上巻』）

さまざまな思惑

極東に集結した連合諸国軍の場合、当初から主力の米国と日本との間には思惑違いによる亀裂があった。

米国には主として経済的見地に基づくところの鉄道確保に狙いがあった。「極東露領及び北満へのアメリカ勢力扶植の途上における巨大な第一歩であった」（アバリン著ロシア問題研究所訳『列強対満工作史下巻』昭和十年）。

一方、日本には軍事的理由があった。既述のように親日政権をつくり革命ロシア領との間に緩衝地帯をつくるのが狙いだった。このため、（これものちの話になるが）米国は計画が破綻したとなると、さっさと兵を引き揚げることができた。これに対し、大部隊を広範囲に展開させていた日本軍の出処進退はぐずぐずと長期にわたることになっている。

冒頭でレーニンの演説を記した。それなりに理解できるとしても、日本の立場からみれば、シベリア出兵のありように関しては、いくつかの解釈があるところだ。

「力学的関係のみからいえば、当時の日本に言い分がないとはいえない。日本は日露戦争のあと、ロシアの報復を恐れた。このおびえが、帝政の自壊をさいわい、シベリア・ロシアからの軍事地理圧迫感を軽減もしくは無にしようとして、この無名の師（名分なき戦い）をおこした、といえる」（司馬遼太郎『ロシアについて』）

「日本陸軍はその創設以来、ロシア・ソ連を主要な敵対国と規定し軍拡を進めてきた。従って、のち東京裁判において南次郎元陸相が語っているように、『満州は対ソ戦の場合の軍事基地と考えられてきた。満州の占領も中国への侵入も日本の終局的な戦略目標である対ソ戦のためのもの』であった」（杉森康二、藤本和貴夫『日露・日ソ関係200年史』）

ここらあたり、重要な指摘だとおもわれる。

ラッパ吹奏とともにウラジオストク市内を行進する日本軍部隊（『西伯利事変記念写真帖』より）

日本軍機関銃隊の布陣（『西伯利事変写真帖第三編』より）

わたしたちは本題のシベリア出兵について、ほとんど教えられてきていない。教科書を開くと、記載があってもほんの短行で片付けられ、日露戦争後は一足飛びに満州事変、日中戦争を経ていきなり太平洋戦争となる。これでは、なぜ満州で事変だったか、なぜ中国との戦いだったのか。理解するのに困難な面がある。まして太平洋戦争に至る日米対立の要因がこのシベリア出兵で一挙に表面化しているのだから、なおさらのことである。

戦士コサック

それでは日本が支持に回ったアタマン・セミヨノフとはいかなる人物だったのだろうか。「アタマン」とは「統領、首長」を意味する。

名前をグレゴリー・ミハエロビッチ・セミヨノフといった。一八九〇年（明治二十三年）九月13日、シベリア・バイカル湖東部の外蒙古（現モンゴル国）に近いザバイカル州オノン河畔のコサック集落で生まれた。父親はロシア人、母親はブリヤード人。ちなみに一八九〇年といえば、あの長崎・島原出身の島田元太郎、当時二十歳が尼港（ニコライエフスク）で一本立ちした年に当たる。

コサック（カザーク、コザックとも）は――と、セミヨノフは自著『セミョーノフ自伝』（笠原十九司、金子久夫訳。以下、『自伝』）の中で述べている。

「遊牧民の迫害を受けながらも、自分たちの占拠した土地を流血の苦しみに耐えて守り抜き、原住民を自己の勢力下におさめつつ、次第にこれと混合していった」

ロシア全土で十一を数えるコサック集団があったといわれ、最大のドンコサックの名は日本でもよく知られている。極東シベリアにおける集団はザバイカル、アムール、ウスリーの三つ。セミヨノフの生地はザバイカルコサックに属していた。

アタマン・セミヨノフ（『其の生活と活動』より）

「いつの時代もかれらは（モスクワの皇帝から）完全な自治と広範な民主的体制の権利は侵さないという〈一札〉を取っていた」「その代わりコサックは一人ひとりが国家に仕え、自前の軍服、装備で身を固め、自前の馬に乗って軍務に就いてきたのである」

シベリア征服に向かったドンコサックのアタマン・イェルマークは有名だ。

「コザックは、自由の戦士で、ヨーロッパ・ロシア農奴から解放された自由民でもあった。シベリアの新天地は無限の可能性をコザックに示し、きびしい気候、自然を乗り越えての飽くことのない東進を続けさせた」（板橋守邦『大いなる回帰』）

さて、セミヨノフである。ゴルチンスキー著、対露同盟会訳『アタマン・セミヨーノフ及其の生活と活動』（一九二〇年。以下『其の生活と活動』）によれば――、

十八歳で土地の軍事コサック学校に入った。「剛毅と希にみる敏捷」とで周囲を驚嘆させ

た。詩歌もよくした。一九一四年（大正三年）勃発の第一次世界大戦でドイツ・オーストリア軍と戦い、大いに「大胆と勇気」を発揮し、数々の勲功をたてた。コサック軍中尉に昇進。ロシア革命で発足した臨時政府によって極東義勇軍編成委員に任命され（大尉となる）、ザバイカルに戻ってブリヤード・蒙古人連隊づくりに奔走している。（ブリヤードはバイカル湖畔に住む蒙古系民族。現在、ブリヤード自治共和国ができている）

狂気の沙汰か

さらに『其の生活と活動』は続けて書いている。

革命で意気あがる革命支持の過激派の行動は、セミヨノフをして「亡びゆく祖国」を思わせるものがあった。「国民財産の極端なる略奪と、なんら防御力なき人民に対する残虐なる愚弄」。かくて次第に「過激派に対して積極的に容赦なき戦闘を開始すべき決心を」抱くに至った。馳せ参じた仲間は欧州戦線で苦楽を共にしたコサック戦友、編成半ばにあったブリヤード・蒙古連隊。それに反革命思想のロシア人、中国人。

フォン・ウンゲルン・シュテルンベルク、通称バロン（男爵）ウンゲルンというコサック中佐もいた（のち中将）。やがてセミヨノフの副将格を務める人物である。

一九一八年（大正七年）一月、セミヨノフは北満の満州里に「白衛軍特別満州里支隊」の戦旗を高々と掲げた。同時にザバイカルコサックの「習慣と口碑」に従い、「アタマン」の

コサック部隊（『曠野の花』より）

称号を得ている。なお満州里は、日露戦争の結果、元通りの中国領に戻っていたのだが、いまだかつての帝政ロシア時代の威光が色濃く残っており、中国側もまた、セミヨノフらの一連の動きを「辺境の地の出来事」とし、見て見ぬふり。半ば黙認の態度をとっていた。

セミヨノフが旗揚げした一九一八年一月といえば、まだレーニン率いる革命政府は樹立されておらず（同年十一月発足）、日本軍艦らのウラジオ入港はもちろん、連合諸国軍のシベリア出兵もなかった時期である。そんな時点で、いち早く、彼は「自分一個の考慮と良心」に従って「全然独力」で反革命の戦いに乗り出していたのだった。しかし――、

「彼の隊の状態はその精神方面は十分強固だったけれども、十分には武器はなく、保護者なく、軍資なく、極めて困難なものであった」「（援助を求められた列国領事団代表の一人は、革命ロシアの）労農政府と戦ふは狂気の沙汰と言はざるを得ず、と」

ここにおいて、セミヨノフは「過激主義の実力に関する外国人のこの虚妄な考察を一掃せんがため」積極的に革命支持派軍に挑んでいる。多くが鉄道線路の確保と停車場（駅）の争

奪戦だった。馬を巧みに操るコサック兵団は、奇襲、夜襲に長けていた。停車場を奪取すれば、そこに蓄積されている武器、弾薬、食料をそっくり獲得することができた。

その勢い、その戦果を評価してか、やがて英国、仏国が武器や食料類を供与するようになり、日本もまた手厚い援助に乗り出した。その後もセミヨノフは満州里やザバイカルのチタを根城とし、日本軍との共同作戦、あるいは単独作戦で、革命支持の過激派やパルチザン（遊撃隊）との間で死闘を繰り広げていった。「ザバイカル臨時政府」の看板も掲げた。

セミヨノフと日本軍

日本がセミヨノフ支援に至るまでの経過は次の通りである。

「日本陸軍の省部においては、極東ソ連領に白色政権を樹てる場合におけるその中心人物を誰にするかについて、当時甲論乙駁の有様だった。その頃極東には帝政時代の要職を占めていたとして東清鉄道長官ホールワット（ホルワット）～黒海艦隊司令長官たりしコルチャーク（コルチャク）が他を圧していたが、すでに同人には英国というパトロンがあったことでもあり、一方ホールワットはいささか優柔であっても余り圭角もなく、人柄等の点に於て日本人向きであったので、日本政府は陸軍の意見を容れて、兎に角、ホールワットを擁することとした」（西原征夫『全記録ハルビン特務機関』）

「武力団体としては～ザバイカルコサックのアタマン・セミヨノフの積極的な闘志とその政

治性、指導力を買い、これに援助を与えることとした。セミヨノフは当時二十八歳、勇気勃々、手兵約一二〇を率い、マツエフスカヤ（満州里の西隣）を第一線として西進の陣を張り、満州里に根拠を定め、積極的に過激派軍と実力闘争を展開中であった」（同）

ここらあたりの事情について、セミヨノフ自身は「私と我が部下には失う何ものもなかった」と『自伝』で記している。「反逆者やボルシェビキを酷薄に抹殺することこそ、革命にのぼせあがり、悪酔いしている国民を覚醒させる唯一の手段なのである」

急成長するセミヨノフ軍陣営には黒木親慶大尉（のち少佐）ら参謀兼指導官のほかにも日本人義勇軍がいた。黒龍会『東亜先覚志士記伝中巻』（昭和十年）によると、在満在郷軍人の予備将校や下士官、兵で総勢三百四十六人。「満蒙独立」を夢に描く「志士」たちで、果敢に戦っている。セミヨノフもまた彼らを中核部隊に位置づけ、大きな信頼を寄せていた。

だが、いわゆる満州ゴロ、大陸浪人らが混じっていたことから、やがて「その存在面白からず」として日本軍の勧告により解散させられている。その後、残留組と新参入の総勢八十八人は一九二一年（大正十年）夏、先に紹介したバロン・ウンゲルン率いる「アジア騎馬隊」外蒙古遠征に「日の丸軍団」として従軍。多くが再び故国に還ることはなかった。

ウンゲルンはバルト海沿岸地方の貴族の出といわれ、女性的な顔つき、金髪、赤茶けた口ヒゲながら、「蛮勇、残虐」で恐れられた。「蒙古の一王女」を妻とし、日常は絹の蒙古服。「成吉思汗ジンギスカンの再来」を称していた（『反ソ秘密戦争』）。遠征のさなか、配下の蒙古兵の「裏切り」により捕らわれ、銃殺された。「アジアからヨーロッパまで絞首台の並木道をつくる」と豪語していた、なんとも形容し難い伊達男の生涯だった。

オムスク政府とセミヨノフ

ホルワット（陸軍中将）を首班とする反革命中央機関がウラジオストクに近いグロデコウオで発足したのは出兵直後の一九一八年十月のことだった。ホルワットは先述の東清鉄道（のち東支鉄道）長官の地位にあった人物である。中国領の満州ハルビンに根拠を持つ鉄道だったが、革命後も帝政ロシア時に獲得した権益としてロシア側の管理下にあった。その鉄道収入、鉄道警備隊は大きな力になると目され、連合軍諸国は早い時期からこの長官を反革命の一方の旗頭として担ぎ出したのだった。

余談になるが、このホルワットは一九〇九年（明治四十二年）十月六日、ハルビン駅頭における伊藤博文暗殺事件に居合わせた人物としても登場する。伊藤は駅ホームにおける警護ロシア兵閲兵のあと、ご大層な礼服姿のホルワット長官の先導で地元要人の紹介を受けた。その最中、朝鮮独立運動家安重根のピストル発砲によって倒れたのだ

ホルワット東支鉄道長官

った。

そのホルワットの反革命中央機関・臨時シベリア政府だが、長くは保たなかった。一九一八年（昭和七年）十一月、第一次世界大戦で帝政黒海艦隊司令長官を務めたコルチャク提督がオムスクでクーデターを起こして軍事独裁政権を樹立。ホルワットを追放、「オムスク政府」を称したのだった。しょせんホルワットは乱世に生きる男ではなかった。

コルチャク提督

それから十年後の昭和三年（一九二八年）五月、満蒙旅行に出た歌人の与謝野寛・晶子夫妻はハルビンにあった旧ホルワット邸を訪れたさい、晶子は次のような歌を詠んでいる。

哈爾賓（ハルビン）は帝政の世の夢のごと白き花のみ咲く五月かな

将軍の夜遊のむかし千人の集ひし園にたまれる楡銭（にれ）

和平時が続いていたら、礼服や夜会服が似合うホルワットは名長官をうたわれていただろう。追放されて一時ハルビンで暮らしていたが、その後の消息は不明である。ついでに記すと、コルチャクの方は、「当初は～民主主義の考を有たれど」「周囲に集れる～帝政を謳歌する人々のために圧迫され感化され」「その政策は反動的となれり」とある（言語学者八杉貞利『八杉貞利日記ろしや路』）

さて、こうした揺れ動く一連の政治情勢をよそに、ザバイカル方面におけるセミヨノフの独自の戦いは続いていた。

「過激派はセミョーノフ軍に対して全西比利亜から大軍の集中を企て～セミョーノフ軍は遂にその襲撃に耐え切れず～惨憺たる状態にあった」（『其の生活と活動』）

それはウラジオストクめざし、東上を図るチェコ軍援護のための鉄道線確保の激闘だった。そうした敵の大軍を一手に引き受けて奮闘するさまを見かねてか、沿線コサックの間から「反過激派一揆」が起きたほどだった。味方はこれをきっかけに戦線の建て直しに成功。救出されたチェコ軍は続々と東に向かっている。「チェコは何の疑いもなく英雄的に亡びたセミョーノフ一味の価（命）によって～自由を買ったのである」（同）

この戦いにより、ウスリー、アムールの各コサックから「アタマン（統領、首長）」の称号が贈られている。すでに出身地でザバイカル・アタマンの称号を得ており、これで彼は名実ともにシベリア「極東コサック・アタマン」の地位に就いたことになる。

オムスク政府からも「極東コサック軍指揮官を命ず」「陸軍少将とす」とかいってきたが、セミヨノフは「ありがとう」とは言っていない。こっちは、誰よりも早く、チタでザバイカル臨時政府を樹立しているのだ。これらの辞令を拝受することは、相手政府の下風に立つことを意味する。ましてや、汚職や不公正、クーデター騒ぎの政争で明け暮れしている新参政府ではないか。相手にしておられるか――。そんな調子だった。

外部からみれば、そんなセミヨノフの態度は反革命統一戦線の足を引っ張るように映るのだが、もともとセミヨノフ、ホルワット、コルチャクは三者三様、互いに仲が悪かった。二人の将軍は意地と面子を張り合い、そして、地ゴロで社会の仕組みから外れているコサック出のセミヨノフを「がさつで乱暴者」扱いしていた。セミヨノフはセミヨノフで相手二人の将軍を「帝政時代の遺物」と見ていた。

野望と挫折

こんな調子ではうまくいくものでない。セミヨノフ『自伝』によれば――、「残念ながら我々がボルシェビキに敗北するのは、敵の戦略戦術が卓越していたからでなく、志を同じくする者が互いに妨害し合った結果であることの方がはるかに多かった」

それではセミヨノフは、なんのため、誰のために戦っていたのだろうか。「反革命」がその根底にあったことには間違いなかろうが、その先をどう見ていたのか。

『自伝』には、歴史的に自らで開拓、獲得し、一時は帝政ロマノフ王朝と戦ってまで守ってきた「コサックの権利」が革命によりゼロになることに、ひどく腹を立てている長文の記述がある。過去、帝政の対コサック政策に異を唱えて立ち上がったステンカラージン（十七世紀。民謡「ステンカラージン」で有名）、ブガチョフ（十八世紀。プーシキン『大尉の娘』はこの反乱が題材）らの流血の反乱にも触れている。

セミヨノフは蒙古人の血を引いていた。部隊の中核はブリヤード、蒙古人連隊であった。さらにその戦いの軌跡をたどると、主戦場はザバイカル、北満だったことに気づく。

これからすると、彼の戦いはコサック自衛戦争であり、蒙古系コサックをも含めた汎蒙古民族独立闘争ではなかったか。そして、はからずもその意図するものは、革命ロシアとの間に緩衝地帯をつくりたいとする日本の思惑とぴたりと一致するものだったのだ。
ウラジオで日本語の日刊紙浦潮日報を創刊した和泉良之助は次のように論じている。
「今や極東の内乱は過激派対反過激派と言わんよりはスラブ対カザックとみるべく～換言すれば政治的衝突と言わんよりは、むしろ民族的闘争と言わん方適当ならんか」（『続・極東共和国まで』大正十一年）

オムスク政府は約一年間続いた。一時は長躯モスクワを指向するほどの勢いだったが、陣容整った赤軍の前に力尽きた。コルチャクはチェコ軍と共にシベリア鉄道で脱出を図ったが、イルクーツクで、チェコ軍により自軍の安全保証と引き換えで身柄を赤軍に引き渡された。一九二〇年（大正九年）二月七日、アンガラ川河畔にて銃殺刑。遺体はアンガラ川に開けられた氷の穴に投げ込まれた。まだ四十七歳という若さだった。

コルチャクはオムスク落城の直前、セミヨノフにシベリア統治の全権を移譲。「陸軍中将に任ず」と発表している。不仲ではあったが、能力は十分に評価していたということであったか。これにはさすがのセミヨノフも降参で、「コルチャクは男らしい男だ」と応じている。後世資料の多くが、セミヨノフをして「セミヨノフ将軍」とするゆえんである。

そのセミヨノフはその後も転戦を重ねたが空しく――。主として中国各地で、日本軍部の密かな援助を受けながら亡命生活を送った。先に記した出口王仁三郎主導するところの「世

陸軍中将に“昇進”したセミヨノフ
(『西比利亜派遣軍記念写真帖』より)

界宗教連合会」発起人に、田中義一、頭山満、内田良平らと名を連ねたのも、このころの出来事である。満州・大連で白系(反革命)ロシア人を組織して反ソ工作活動を続けていたが、太平洋戦争の終戦により、ソ連軍に逮捕された。

一年後の一九四六年(昭和二十一年)八月三十日、モスクワで開かれたソ連邦最高裁判所軍事委員会で「対ソ反乱、スパイ、反ソ扇動宣伝、反ソ予備行為」を糾弾され、「最も不名誉な絞首刑」を宣告された。一週間後、刑は執行された。五十六歳だった。

元満州国司法部次長・前野茂もまた太平洋戦争の終戦によりソ連軍に逮捕され、モスクワの監獄に収容されたが、そこの独房で、机に彫られた片仮名まじりの日本語を見ている。「セミヨノフ　十年　キョウセイロウドウ(強制労働十年)」。以前ここに監禁されていたセミヨノフの息子が、自分の消息を日本人に伝えるべく、針で彫ったものだった。

「セミヨノフ将軍の息子という二十五、六歳の青年がいた。父によく似た顔立ちで〜一方の足が悪く～常に杖を手離さなかった。この若者も父のおかげで、すなわちセミヨノフの子であるということだけで捕われているのであるらしいが、あの身体で、元気な連中に伍して、労役場に送られる彼の心境は決して平らかであるまい、と同情を禁じえないものがあった」（前野『ソ連獄窓十一年②』）

あるいは――。シベリアの強制収容所で「長い間平和な楽しい生活をすることができたのも、全く日本のおかげ～セミヨノフの娘がこんなことを考えて感謝していたということを、日本の天皇に申し上げてくれ」と周囲の囚人仲間に話す若いコサック出の女性がいたとのことである。（『全記録ハルビン特務機関』）

コサック集団の「その後」は悲惨だった。社会主義革命政権ソ連邦が旧帝政ロマノフ王朝から認可された特権を有するコサックの存在を許すはずはなかった。「事あるごとに、保守反動、帝政復活をうかがう危険分子として扱われ、治安当局や共産党による絶え間ない監視と弾圧の対象となった」「社会集団としての存在を抹消され、歴史や教育の場でも常に過去の帝政、保守、反動の手先、あるいは略奪、殺戮を事とした無頼の徒の集団として否定的に評価された」（NHK解説委員植田樹『コサックのロシア』）

このようにして、かつては「露国に在って宛然一国を成せるの観あり」（井染禄朗『西伯利経済地理・全』大正七年）と評されたコサック集団は、自然消滅、四散の運命をたどらざるを得なかったのだった。

それから七十余年を経過した一九九一年（平成三年）、ソ連邦崩壊により、コサック「復権運動」が起きているという報道もあったのだが、その後の推移については詳らかでない。

第六章　社会主義中尉長山直厚

士官学校二十五期生

長山直厚（ながやまなおあつ）は山口県萩の出身。陸軍士官学校二十五期卒。陸軍第五師団（広島）野砲兵第五連隊・陸軍中尉でシベリア出兵となる。出征中、「思想の変化をきたし」「不穏な言動が著しいので」陸軍を追われ、「社会主義中尉」と呼ばれた。民間人として再度シベリアに渡って日本軍相手に反戦活動を行ない、国内では社会主義運動に奔走。日本の近代労働運動の創世紀を駆け抜けた人物だった。

明治二十年（一八八七年）の生まれ。同郷の大先輩「おらが総理田中義一」より二十三歳年下になるが、正反対の生き方をしたことになる。

大正十一年（一九二二年）六月五日付満朝報には次のような記事が見られる。

「予備陸軍砲兵中尉従七位勲六等長山直厚が、六日の官報を以て宮内省から位記の返上を命

長山直厚を描いた新聞小説「星とランプ」第１回の挿し絵（落合茂画。昭和47年11月19日付社会新報より）

ぜらるると共に、勲六等単光旭日章を剥奪された。其理由はもちろん軍人としての体面を汚した事によるものだが、それをもっと深く探聞する所によると、長山中尉は社会主義者と認められた為であると判った」「今春二月、（東京）麹町の社会主義総同盟会に於て～長山中尉は、軍隊内部に於ける事情に精通して居る関係から、宣伝するには先づ青年将校から鼓舞しなければ駄目だ――と種々過激な宣伝方法を教えた」

士官学校時代の同期生には、のちの太平洋戦争で師団長クラス、あるいはそれ以上の要職に就き、良くも悪くも軍事史上に名を残す将官のタマゴがずらりといた。

田中新一（東條英機首相を「馬鹿者」呼ばわりで左遷。インパール作戦）、武藤章（フィリピン作戦。戦後、A級戦犯で死刑）、富永恭次（フィリピン作戦。「敵前逃亡」の汚名）、那須弓雄（ガダルカナル島攻防戦）、佐藤幸徳（インパール作戦）、山名正文（同）、山崎保代（アッツ島玉砕戦)、葛目直幸(ビアク島玉砕戦)、村井権治郎(ペリリュー島玉砕戦)——。

これらの人物の最終階級は戦死後の二階級特進者も合わせ、いずれも横並びの陸軍中将だった。松下芳男という同期生もいた。長山中尉と同様、「社会主義中尉」として軍から追放されている。のち軍事評論家、工学院大学教授。ただ、シベリアには従軍していない。

果てしなき戦線

そのシベリア出兵である。

大正七年(一九一八年)八月二日の出兵宣言に基づき、日清・日露戦争で多大の戦功があった第十二師団(小倉)が「出兵ノ神速」を期し、即日動員されている。師団はウラジオストクに上陸。ウスリー鉄道線沿い(ウラジオ〜ハバロフスク)を北上し、一ヵ月後の九月五日にはハバロフスク方面に進出した。あのシベリアお菊が出会ったのは、この九州部隊の兵隊だったことになる。

一方、北部満州に駐屯していた第七師団(旭川)は陸路によって国境線を突破。九月八日、ザバイカル州チタを占領した。第三師団(名古屋)もまた、続いて陸路、シベリア鉄道沿線に展開していった。同じころ海軍も行動を起こし、遠くアムール川河口のニコライエフスク(尼港)に海路により上陸している。

「わが出征軍の活動により、東三省(沿海、黒龍、ザバイカル)の治安は回復し、東西チェ

日本軍は勇敢過る

戰線から歸つて來た佛軍のビジョン中佐

◇少し勇敢過ぎたと大笑す◇

特派記者　鈴木文四郎

▲沒頭して

▲血路を開いて

▲赤手を振って

▲此戰法は

▲紅茶色に

日本軍の勇敢さを伝える新聞記事
（大正７年９月６日付東京朝日新聞）

コ軍の連絡なり〜大正七年末にはコルチャック政府（オムスク政府）の成立をみるに至った」「一方、黒龍各地に潜伏していた過激派も逐次勢力を増してきたので、該地警備の十二師団の討伐、ついで代わって十四師団の討伐となり、またザバイカル州の警備を三師団と交代した五師団も諸所に蜂起した過激派軍を討伐した」（陸上自衛隊第十三師団広島師団史研究会編『広島師団史』）

ここに見られるのは、日本軍の奮闘を物語るものばかりである。ほかの連合諸国軍はというと——。

第十二師団歩兵第十四連隊の松尾勝造一等兵は『シベリア出征日記』の中で、兵隊の目に映った他連合諸国軍のありようをさんざん酷評している。

「日本軍が敵を駆逐してしまふと、夜の鼠のやうにあちこちからチョロチョロと出て来て、せっかく日本軍の手で占領した区域を荒し回ると言った厄介な奴等で〜この連合軍の顔を見るのがシャクにさわる」

こんな資料もある。

「各国の軍隊は楽隊の奏楽に歩調を合わせて、如何にもお祭気分を示し、大人の兵隊ごっこを見ているやうであったが、独り日本の軍隊のみは、楽隊ならぬ喇叭（ラッパ）の音も勇ましく、短い脚を踏み締め踏み締め、傍目もならぬ緊張振りであった。此の殺気立った日本軍を見た露西亜人は、他国の軍隊に浴せたやうな『ウラー』も叫ばず〜水を打ったやうに静かに見ていた」（山内邦介『シベリア秘史』大正十二年）

なるほど、「実戦となると姿を見せない」他国軍に比べ、日本軍の将兵がおそろしく真面目に作戦と取り組んでいた様子が分かる。だが、その戦いは、革命支持派軍らとの交戦に加え、「飢餓それに野菜欠乏や雪盲による鳥目など予期しないことの連続」でもあった。

第十二師団歩兵第七十二連隊長、田所成恭大佐は記している。

「平定は表面だけのもので、浮草の中を舟をこいだと同じこと。へさきに抵抗するものはないけれども、其代り舟の通ったあとは元の通り一面浮草……」（『弔合戦』大正十年）

ここらあたり、のちの日本軍の中国戦線における戦い、現代の米軍によるベトナム戦争、イラク戦争の様相と酷似してはいまいか。

果たして痛恨の出来事が起きている。

出兵翌年の大正八年（一九一九年）二月、豪雪と極寒の黒龍州ユフタで、第七十二連隊田中支隊（田中勝輔少佐）百五十名、同支隊の香田斥候隊四十八名、西川砲兵中隊百七名の計三百五名が過激派軍の待ち伏せ攻撃により全滅したことだ。のちに発生した尼港（にこう）（ニコライ

「皇軍浦塩斯徳（ウラジオストク）上陸、各国官民熱狂的歓迎」

「勇猛果敢なる我が騎兵は長駆北進、敵を追撃してハバロフスクを占領す」

「歩兵第14聯隊第12中隊の殊勲、敵の背後に迂回し鉄道を破壊し装甲列車を鹵獲す」

「ブラゴエシチェンスク占領、皇軍の武威全西伯利（シベリア）を圧す」

——136、137ページの版画は『救露討獨遠征軍畫報』より

ウラジオストク市内の警備に当たる日本、チェコ、米、英軍共同の連合巡邏兵。先頭からチェコ兵、米兵、日本兵（海軍陸戦隊）、日本兵の奥に英兵が並んでいる（『西伯利事変記念写真帖』より）

エフスク）事件と並んで当時の日本国民に大きな衝撃を与えた出来事だった。

死者数は大分県の郷土史家柴田秀吉『ユフタの墓』からの引用だが、同書には地元連隊田中支隊戦死者を祭る大分市桜ヶ丘聖地（別名ユフタの墓）の鮮烈なルポが出ている。

「石碑の配列は将棋盤の上の将棋の駒のようだ。佐官級の墓は飛車角のように大きい。尉官級の墓は金銀のように中くらい。特務曹長の墓は桂馬ぐらい。軍曹伍長は香車」「兵の墓は歩のように小さく無数に列をつくっている」「台石の上に子供のように立っている」

長山中尉出陣

長山中尉の所属する第五師団が現地駐屯したのは、この田中支隊全滅から約半年後の大正八年七月から八月にかけてのことだった。

『広島師団史』で見られたように、第一陣としてザバイカル州の守備に就いていた第三師団と交代しての布陣だったが、例のアタマン・セミヨノフ軍の根拠地でもあり、余計な苦労を強いられている。

「ザバイカル州は東西一千余キロに及ぶ広大な地域である～司令部をチタに置き～各部隊を鉄道線路に沿って配置したが、常に少数兵力をもって過激派軍の討伐を行なった」「（セミヨノフ軍との）共同作戦は～互いに依頼心が生じ、セ軍はわれに頼って容易に敗走し、われまたセ軍が前方にあるため安心して油断を生じる一原因になった」（同）

ユフタで全滅した日本陸軍部隊の墓。手前は将校と下士官、向こう側に兵の墓石が並ぶ（大分市桜ヶ丘聖地で）

ところで本章の主人公である長山直厚中尉だが、詳細を語るには資料に乏しく、いささか困惑させられる。たとえば、所属の第五師団が現地入りしたのは上述のように大正八年夏のことだったが、先の松下芳男『三代反戦運動史』によれば、中尉は同年十一月に停職、予備役となっている。つまり出兵後、わずか五ヵ月足らずにして第一線の中核ともいえる中隊長クラスの人物が突然辞めさせられているのだ。なぜなのか。なにがあったのか。ときに長山中尉、三十二歳。

『三代反戦運動史』には「不穏な言動が著しい」ためとあり、やがてその「言動」の正体は「社会主義思想に傾倒したことに基づく」ものと分かってくるのだが、なぜ、現役ばりばりの中尉の頭がそんなふうに左急旋回したのか。それらを物語る資料は見当たらない。

なお、こちらも「社会主義中尉」と呼ばれ、軍籍を離脱した先述の松下芳男の場合、「軍人という職業が私の性格に合わなかった」「人生観、社会観に大きな動揺があって、苦悶の域を脱しえなかったから」と、自著『日本軍事史雑話』にあっさり記しているところだ。

そのころ、シベリア戦線における戦闘の状況は様変わりしていた。

それまでの日本軍との戦いで、正面衝突は不利という手痛い戦訓を得た革命支持派の過激派軍は「陣地戦の停止、赤衛軍の解体、パルチザン運動の展開」へと方針を転換していた。

このパルチザン（ゲリラ）戦法は日本軍にとって真に厄介な存在となっている。

「爾来過激派首領ニ依リ指導セラレタル小集団ヲ『パルチザン』〜武装凶悪団体ヲモ『パルチザン』ト称スルニ至リ」「軍ノ過激派討伐ニ関シ戦闘行為上大ナル制掣ヲ蒙リシハ〜良民ト過激派トノ識別困難ナリシ点トス」（憲兵司令部編『西伯利出兵憲兵史』）「敵は露人で地方人民も露人である。人種服装共にその差が無い。武器を持てば敵、武器を隠せば良民。実際彼等は其場合次第で、敵にもなり良民にもなって居る」（『弔合戦』）

かくて「良民」が「虐殺」されるという事件が頻発することにもなったのだった。

「女子供、土民を害するなと注意されてはいたものの〜兵か土民かの見分けの付かうはずはない。片っ端から殺して行く」（『シベリア出征日記』）「汚れた短衣や縁なし帽がバタバタ人形のように倒れた～キャラコの室内服の女や子供達が煙の下からつづいて息せき現れてきた。銃口はまた、その方へ向けられた。パッと硝煙が上った。子供がセルロイドの人形のように坂の芝生の上にひっくりかえった」（黒島伝治『パルチザン・ウォルコフ』）

もうひとつの第五師団史ともいえる村上哲夫『広島師団の歩み』をみると、長山中尉の出陣から停職までの五ヵ月間だけで、所属の野戦砲兵隊は少なくとも二回、実戦に参加しているのが分かる。砲兵だから直接銃を取って白兵戦を交えることはなかったが、中尉が上記のような状況を実地に見聞きしたであろうことは容易に想像される。

衛生兵として戦った黒島伝治（のちプロレタリア文学作家）は、上記の作品でもそうだが、ほかの著書においても兵隊たちの追い詰められた心情を書き続けている。「われわれはシベリアへ来たくなかったのだ。むりやりに来させられたのだ」（『渦巻ける烏の群』）

シベリア出兵と米騒動

こうした国内事情はなにも日本軍だけのものではなかった。

連合諸国軍シベリア出兵（一九一八年八月）のその年十一月、ついにドイツ軍が降伏。第一次世界大戦は終結した。だが、シベリア出兵は続く。各国とも国民の間に不満が広がっていっている。「戦争は終ったというのになぜ自分の夫や息子がシベリアの荒野、（北部ヨーロッパ・ロシアの）ムルマンスクとアルハンゲリスクの厳しい寒さの中で、不可思議な、心細い、そしてさっぱり煮え切らない戦闘をつづけているのか」「ソビエト・ロシアに対する戦争に反対したのはアメリカの人民のみでなく、イギリスとフランスの人民もこれに大反対であった」「兵士たちの心持は荒んでゆくばかりであった」（『反ソ秘密戦争』）

また戦史叢書第十号『西伯利に於ける第五師団』（昭和五年）はロシアの人々について次のように伝えている。「壮大なる建物はもっぱら廃墟の如く、かつて肥沃なりし耕地は草原と化し、我軍の駐屯している兵営付近には必ず垢(あか)つき破れた衣服をまとえる人民螺集して見すぼらしい家屋を建て、食事毎に吾等の残飯を争ふ」「頑是ない子供等も何時父母と別れるかも知れない運命にあるかを想えば、涙なしには見られなかった」

長山中尉には、もうひとつ、強烈な体験があった。「米騒動」である。

シベリア出兵のその年、大正七年春、第一次世界大戦の余波で物価高騰のインフレーションが進むなか、出兵による軍用米需要を見込んで米が投機の対象となり、米価が天井知らずの値上がりを示したのが発端だった。七月、富山県の漁村の主婦たちが起こした「米寄こせ」運動は全国規模の大暴動に発展し拡大していった。「女房一揆」ともいわれた。

男たち「越中衆」はカムチャッカ沖をはじめとする北洋漁業などに出稼ぎに行っていて、留守家庭を預かる女房(おかか)連が立ち上がったのだった。

長山中尉の第五師団管区である山口県宇部でも八月、「全国最大級の騒動」（『宇部市史通史編下巻』）が発生している。折からの炭鉱労働者による賃上げ争議と米騒動が結びついて

「宇部は暴動の町」と化した。県知事の要請で師団の歩兵第四十二連隊が出動。警官隊と共に制圧に当たったのだが、群集はなおも暴れ回る。抜刀する警官隊。軍も発砲。その発砲が空包だと知った群集はますます勢づく。このため、ついに実弾を発射。死者十三人、重傷者十一人（のち一人死亡）という大惨事となった。

先の『広島師団史』には、「着剣突撃」「騎馬突撃」「実包発射四十二発」「着剣刺突により殺傷」といった生々しい物理的な「武器使用」の状況が記録されている。

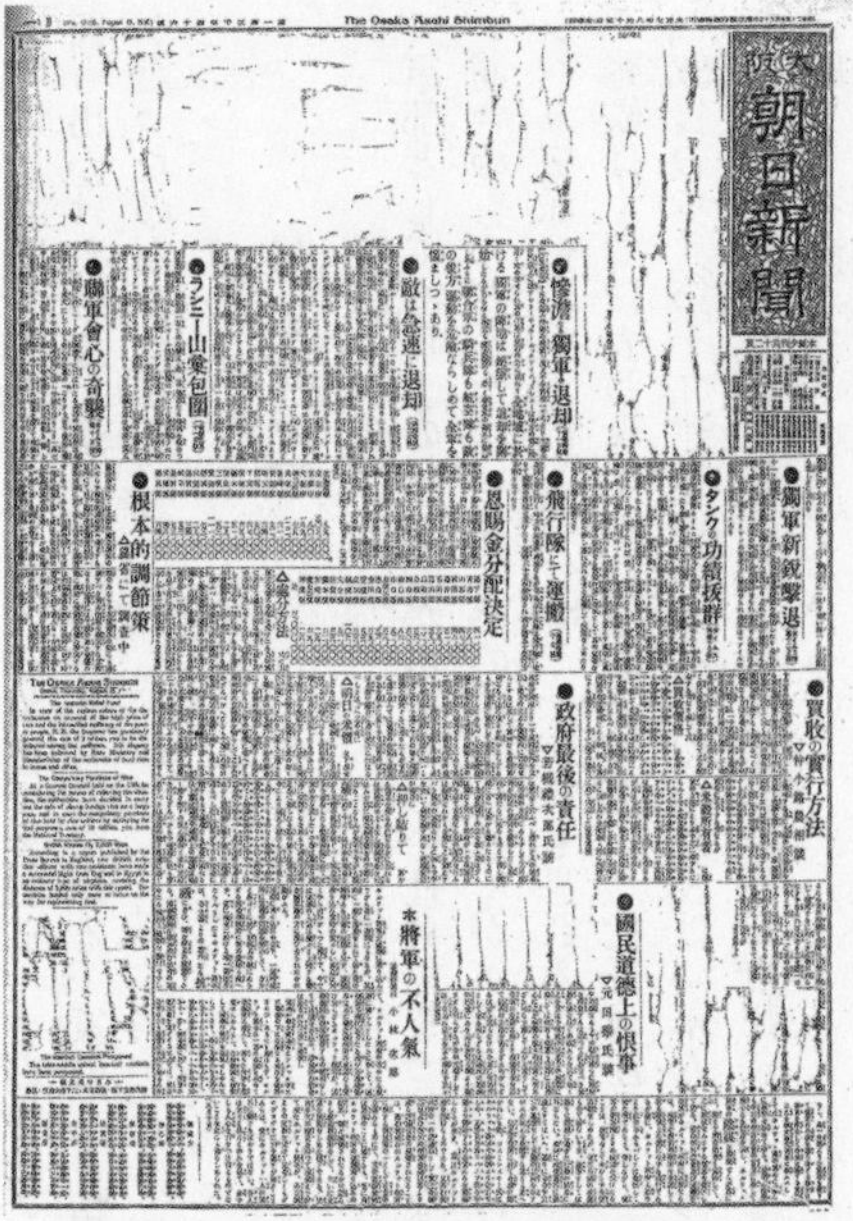
The Osaka Asahi Shimbun
大阪朝日新聞
慘酷・獨軍退却
敵は急速に退却
ランシー山奪回
聯軍會心の奇襲
獨軍新鋭撃退
タンク功績抜群
飛行隊にて運搬
恩賜金分配決定
根本的調節策
買收の實行方法
政府最後の責任
國民道德上の恨事
將軍の不人氣

内務大臣の命令で「米騒動」の記事掲載は禁止、紙面から削除された（大正7年8月15日付大阪朝日新聞）

長山中尉の左傾化には以上のような強烈な体験が大きく関わっているとみられるのだが、当時の彼の姿を伝えるものはない。のち長山中尉らの運動グループに参加した信濃太郎『社会運動一兵卒の記録』によると、長山は「タフな男で、浅草へ二回、本郷座で菊五郎、吉右ヱ門の菊吉合同の芝居があり、一日三回も出かけた」ことがあった、と記されている。案外、多情で多感のいわゆる文学青年タイプだったのかもしれない。

星とランプ

軍部としては兵士の間で広がる「新しい社会思想」は、なんとしてでも防止せねばならない筋合のものだった。いま、その兵士の多くが革命運動たけなわの地に駐屯している。このシベリア派遣軍兵士の「赤化」こそ、最も恐れるところだった。

兆候はすでに表われていた。松下芳男『三代反戦運動史』によれば――、

「敦賀の歩兵第十九連隊の歩兵中尉赤田直義は『軍人には珍しいデモクラチックの肌合の人で、同僚の若い将校を集めて軍備制限論や陸軍無用論に花を咲かせ、思想的に目醒めた若い志願兵等を沸かせていた』が、ついふとしたことから上官を殴打して停職になった」「また朝鮮歩兵第七十三連隊の歩兵中尉高坂実は、過激思想に共鳴し、元部下であった巡査滝沢某をしたがえ、過激派に投ずるため現在地を脱走したが、途中でとらわれた」

あるいは大正七年（一九一八年）十一月二付『原敬日記』は記している。

「東部西伯利地方視察して帰れる参謀本部第三部長少将星野庄三郎来訪、彼地の実況を報告せり」「家族などある我予備兵は可也帰国せしむるを要すと云いたるは、過激派旺盛なりし

地に居住する我人民は過激派に感染したる者ありて我守備兵に之を説くのおそれあり。又米兵などと我兵の支給は彼は一日二円を受け、我れは何銭と云ふに過ぎざれば甚だ危険のものなりと云へり」

ここで「我予備兵」という言葉が出てきたが、その意味するところは次のようなものだった。

「今回の出兵に於て、なるべく現役兵を取って置きにして、予備後備兵を出征せしめつつある〜妻子を持ちながらわずかに露命をつなぎ居る予後備兵の出征は、実に惨之惨なるものに候」（『宮崎滔天全集第二巻』）。

現役兵の元気者よりも年輩の予備兵後備兵がシベリアに多く出兵している。いずれも女房子ども持ち。彼の働きで家族が「露命」を支えられていたのに、その一家の大黒柱が召集されては「惨の惨」の極み。送金するにも給料は安い——。これでは軍隊のありように疑問を持つのも当たり前というのである。

その一方で現地の軍高級幹部のありようはどうだったか。

「ハルビン街頭料理屋に横づけになっている自動車は何時も特務機関其他軍事用のそれである。閣下や其の御取りまきや、毎日泥酔して深更までふざけている」「門前の自動車を護る兵士は薄い外套で氷点下数十度の寒天にて深夜までふるえている〜過激思想は誰が日本人間に培養するのか」（中野正剛『鮮満の鏡に映して』大正十年）

そんな疑問や懸念、不具合を払拭させる意味合いがあってか、翌八年（シベリア出兵二年目）に入ると、早くも「頻々たる師団交代」がみられるようになっている。「遠征軍の士気がこのような傾向であるからには、軍部も『悪思想ノ根源』たるロシアに同一部隊を長く駐屯させておくことはできなかった」「このひんぴんたる交代は〜『過激思想』に感染するを防止するためであろう」（井上清『日本の軍国主義』）

先の広島第五師団もまた、わずか一年ほどの出征で後詰の師団と交代、凱旋している。ただ長山中尉はこの師団凱旋の半年前、「広島に送還され」「軍籍を剥奪」されていた。

毎日出版文化賞『秩父困民党』の作者西野辰吉は昭和四十七年（一九七二年）十一月から十二月にかけ、本題の長山中尉を題材とした連載『星とランプ』を九回にわたって日本社会党機関紙社会新報に掲載している。

これが同中尉に関する唯一の「伝記」的資料とみられるのだが、やはり肝心の思想の変化については「（シベリアにおける）革命干渉戦争をつうじて社会主義運動にちかづくようになった」「シベリアで、かれは戦争の批判をはじめた。それで危険思想にそまった将校」として広島に送還された、とあるだけだ。

このあと、連載では労働運動に身を投じた「長山中尉その後」が紹介されている。なお連載記事の題名『星とランプ』は、軍を追放された中尉がシベリアに密航して現地における反戦活動に従事中、夜空の星を仰いで前途を思い、また、のちの富山県における電気料値上げ反対運動ではランプ生活をしながら現地闘争を続けたことを象徴する。

シベリア帰り

そのころ「シベリア帰り」という言葉が聞かれた。先の太平洋戦争末期、ソ連軍満州侵攻によって捕虜となり、長期の抑留生活の末、やっと帰国を果たした旧日本軍復員将兵に、やはりこの言葉が使われていたのを思い出す。だが、ここでは、それ以前のシベリア出兵復員者のうち、主に「過激思想に染まった」者に対してのものを指す。

彼らシベリア帰りが見た当時の日本における社会情勢はどうであったか。

「『米騒動』を境に日本社会の姿は大きく変わりはじめた。あたらしい社会思想がひろがりはじめ、ひとびとは労資の階級対立を中心とするあたらしい『社会問題』に目をむけはじめた。労働運動を中心とする人民の諸運動が急速に組織され、急テンポで発展しはじめた」（都立大学教授塩田庄兵衛『米騒動と現代』。労働運動史研究四十九号所載）

農村では「小作争議」——小作農や小自作農による地主への小作料減免や耕作権確立などの要求闘争——が多発していた。これに対する体制側の出方には厳しいものがあったが、小作争議は長引いた。秋田県における事例では、こんな記述がある。

「労働組合だと、一ヵ月もつづくと財政的に支障をきたすだろうが、農民組合は自分の田からとったものを食っているから食うだけは何とかなるから、何年かかっても、という気持ちになれた」（野添憲治、上田洋一編『小作農民の証言』）。それでも取調官から「君らは～パルチザンだ」と（長い留置で）伸びたヒゲを引き抜かれ、ぎゃっといわされている。
岐阜県では揖斐郡の個々の小作人組合が大同団結した郡連合会をつくって地主連と鋭く対立した。こうした運動初期における連合会結成のケースは珍しかったとみえ、研究会編『日本農民運動史』によれば、「（主唱者の）大野がシベリア帰りの下士官であることも含めて、新聞その他に喧伝され岐阜小作争議の代表のように扱われた」とある。
大野こと、大野金吾は陸軍歩兵曹長となってシベリア出兵から帰還。流行のカイゼルひげを生やし、「肩の張った頑丈な体つき」で運動の先頭に立っていた。「人間的には非常に純粋」な人物だったと伝えられる。（坂井由衛『岐阜県労農運動思い出話』）
余談だが、同県加茂郡に手配中の社会主義思想の男がいた。こともあろうに男の兄は駐在所勤務の巡査だった。県特高課は、ひょっとしたら男が兄の駐在所に立ち寄っているのではとみて踏み込んだところ、事務室真正面に「顔中髭をモジャモジャ生やしたマルクスの写真」が掲げられてあった。あきれた特高課の詰問に巡査は答えている。「弟がこれはドイツの大変偉い人の写真だといって、くれたので大切に額にしております」。男は小学生時代から「優秀な成績」。かねてこの兄巡査は「弟に傾倒し尊敬」していたという話だ。（同）
また香川県における小作争議の場合、最も先鋭的な闘争と称されていたのだが、ここではこんな記録が残っている。「香川県では～善通寺師団（第十一師団）のシベリア出兵が行なわれたことの方が農民運動にとって重要であって、大正七、八年兵はシベリア出兵によって階級意識というよりも封建的観念から脱却するようになり」「日農（やがて結成された全国組織の日本農民組合）支部の幹部となったり、郡連合会に出、積極的に活動するものが多いということである」（『日本農民運動史』）といったところであろうか。
シベリア帰りの面目躍如（！）といったところであろうか。

活動家「軍人さん」

米騒動以降、高揚する労働運動に対し政府は高圧的姿勢で臨んだ。先の信濃太郎『社会運動一兵卒の記録』は書いている。「戦前の社会運動は、すなわち、警察――ブタ箱（留置場）――刑務所がお定まりのコースであった。まったくへどろの中をのたうち回り、泳ぎ切る様なものであった」

それがどんなものであったか。少し時代は下るが、『蟹工船』（昭和四年）の作者小林多喜二の凄惨な拷問死を想起すれば十分であろう。社会主義中尉長山直厚はそんな世界に自らの意志で飛び込んでいったことになる。

ただ、当局の圧迫をうけ、ともすれば暗く落ち込みがちな雰囲気のなか、運動仲間から「中尉さん」「軍人さん」との愛称で呼ばれ続けていたことは、彼の人柄を物語っているようだ。普通だったら「将校出の反動野郎」「帝国主義者」とかなんとか、時と場合によっては張っ倒されかねない履歴なのである。

「長山は～予備役になったばかりの陸軍砲兵中尉であった。シベリア出兵中に思想の変化をきたし、帰国後は高尾と行動を共にするようになった。中尉、中尉とよばれ、いかにも軍人あがりらしくキビキビしていた」「軍人さん（長山直厚のこと）ら四、五人が『別府まで来た』といって、ウチまで来た。そん時は、長う泊っさったもん」（萩原晋太郎『墓標なき革命家――大正の叛逆児高尾平兵衛』）

それでは、その「中尉さん」「軍人さん」の活動ぶりはいかがであったのだろうか。「軍隊を追い出された大正拾年の夏、大衆運動の飛び入り者であった俺は～社会戦の輪卒であり、新兵であった」。これは彼が「直ナガヤマ」の名で書いている『高尾平兵衛を懐ふ』（戦線同盟『高尾平兵衛と其の遺稿』所載。大正十三年）と題した追悼文の導入部で、以下、ほんのちょっぴりだが、自身のことにも触れている。

なお、ここには「大正拾年（十年）の夏」に軍を追い出されたとあるが、この部分、本章冒頭で述べた満朝報「大正十一年六月、位記返上命令。勲章剥奪」の記事内容と矛盾する。また先の同期生松下芳男による「シベリア入りして半年後停職」や連載『星とランプ』の「出兵半年後、本国送還、軍籍剥奪」の記事との整合性はどうなのか。

本人がそう書いている以上、「大正十年」説に従うべきかもしれないが、疑問は尽きない。いまとなっては解明しようもないので、そのまま、ここらあたりは各論併記で話を進めることにしたい。

さて、長山中尉が読み上げた追悼文『高尾平兵衛を懐ふ』のことだった。

「高尾君の勇敢な戦闘振を聞かされ～（高尾主宰の）労働社に居候する身となった」「実戦

に出るやうになったのは此の時からで、社会運動の初期は高尾君に教はった訳である」

チタで反戦活動

ここに出てくる高尾平兵衛（一八九五〜一九二三）はラジカルな運動家だった。長崎県諫早の生まれ。「平公」との愛称があった。無産階級による革命を唱え、「共同戦列を形成すべく」戦線同盟の結成に奔走していた。「理論家でもあり、頭がきれ、思想的にも行動の面でも指導者」だった。だが、志半ばにして長山中尉の眼前で悲惨な死を迎えることになる（上記追悼文はこの葬儀の場で読まれた）。中尉より八歳若かったが、中尉は終始、「親しみと尊敬の念」をもって接していた。

一九二二年（大正十一年）三月、ソ連モスクワからの要請を受け（と、推測される）、シベリアで反戦活動をするため、この高尾は長山中尉ら同志六人と共に潜行している。大阪港から偽名を使って大阪商船大連航路の客船に乗り満州・大連着。ここからハルビン、満州里を経て馬車で越境。チタに向かった。馬車には先乗りの同志吉原太郎がハルビンで調達した印刷機材一式が積まれてあった。寒々しい国境の夜空に無数の星がきらめいていた。

チタでは「随分不景気な待遇を受けた」と長山中尉は軍人調の言葉で追悼文に記している。二年前のことだが、日本軍、セミヨノフ軍撤退後の当地チタには、モスクワ寄りの「極東共和国」なるシベリア統一政権が誕生していた（一九二〇年四月発足）。

高尾平兵衛（萩原晋太郎『永久革命への騎士高尾平兵衛』より）

「不景気な待遇」の原因はモスクワの革命政府とチタの新政権間で連絡の行き違いがあったためだった。モスクワから片山潜が駆けつけて不法越境の疑いは晴れたものの、その間、一行は滞在費を稼がねばならず、真っ黒になって石炭運搬作業をするハメになったから、ほんと、「不景気な」話だった。

片山潜（一八五九～一九三三）は日本共産党結党時の指導者の一人。日本を追われて米国に移住し国際的な労働運動・社会主義運動家として知られ、やがてロシアに向かい、国際革命を目指す中央機関（本部モスクワ）であるコミンテルン執行委員会幹部会員になっていた。

「片山ハ（亡命先の）米国ヨリ入露以来労農政府ヨリ殊遇ヲ受ケ居レルモノノ如シ主トシテ『モスクワ』ニ在リ時々『チタ』方面ニ来往シ日本共産党運動ノ首領トシテ管理指導ニ当レリ」（『続現代史資料・社会主義沿革2――最近ニ於ケル特別要視察人ノ状況』）

一行はそのチタで印刷した反戦ビラを日本軍陣営に「流し込む」ため、ハバロフスク方面に潜入していっている。この潜入に当たっては、宮城県出身の「佐藤三千夫」という若者が現地合流してきて、一同をびっくりさせてもいる。（反戦ビラの作成、配布等については次章

『パルチザン佐藤三千夫』で記したい）

米騒動以来、高揚する労働運動に対して、政府は高圧的姿勢で臨んだことは既に述べた。高尾平兵衛、長山中尉らのチタ入りに関しても相当な確度で探知されており、当時の非合法活動家を取り巻く監視の目の厳しさを物語っている。

「長山（元中尉）ハ曾テ野砲第五連隊ト共ニ西伯利ニ出征シ土地ノ情況ニ通セル関係上或イハ当地方ニ立回ルヤモ測ラレス」「宣伝文書ノ搬入公算比較的多ク此際特ニ警戒ニ努メ〜発見シタル場合ハ取押ヘ憲兵隊ニ引渡サレタシ」（『西伯利出兵憲兵史』）

殴り込み事件

右翼陣営からの反発も相当大きいものがあった。やがて、こうした身辺を取り巻く険しい状況にカタをそびやかし、無理は承知の上で、高尾と長山中尉、そして同志の吉田一、平岩巌の四人は事件を起こしている。

大正十二年（一九二三年）六月二十六日、東京・赤坂溜池の右翼集団・赤化防止団本部襲撃——。

団長の米村嘉一郎（弁護士）を「赤化防止がメシの種とは、恥ずかしくないのか」と殴りつけている。団員が飛び込んできて乱闘となった。やがて四人は引き揚げにかかったのだが、米村はその背後からピストルを乱射。一発が高尾の後頭部に命中した。

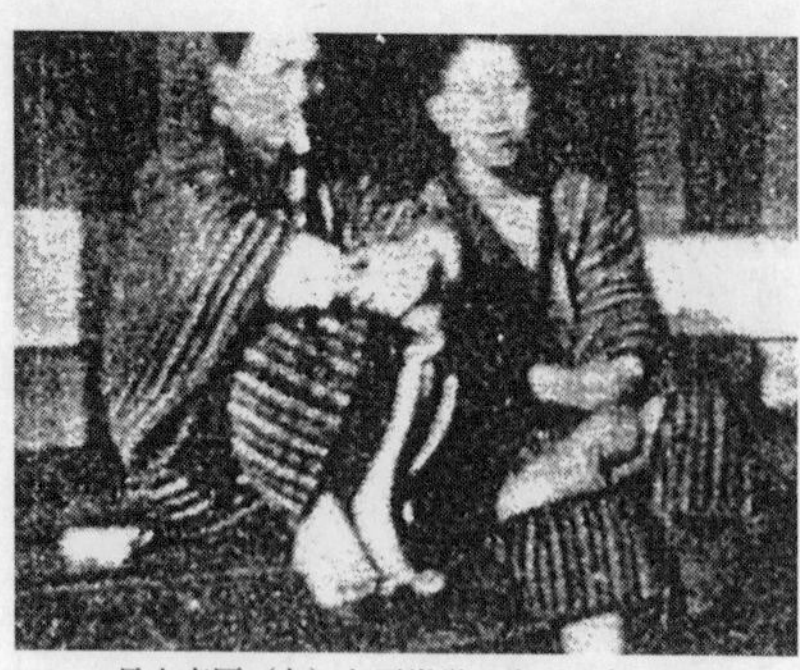

長山直厚（左）と平岩巌。大正12年ごろ
（『永久革命への騎士高尾平兵衛』より）

赤化防止團長米村辯護士
社會主義者を射殺す
戰線同盟一派の高尾平兵衛
今曉赤坂の本部で

柱や疊の上に
殘した刀痕
邸内は大混雜す

米村辯護士は
九州男子の典型
辯護士間に評判よい

正當防衛
と思ふ

赤化防止団団長による高尾平兵衛射殺を報じる新聞記事（大正12年6月27日付東京朝日新聞）

「一種の快男児」とも「アノ無茶な強情者にアンナ優しい処がある」（山崎今朝弥『地震・憲兵・火事・巡査』）ともいわしめた男の思いがけない最後だった。二十七歳。

直後、九月一日関東大震災。高尾、長山中尉らとも行き来があった無政府主義者大杉栄が憲兵隊に虐殺された。戦闘的な運動でマークされていた東京・葛飾の南葛労働協会（のち南葛労働会）幹部連も軍により殺害された。朝鮮人に対する虐殺暴行事件も相次いでいた。

そうした騒然とした世相の最中、長山中尉らは赤化防止団本部襲撃事件で起訴され、中尉は傷害罪などで懲役三ヵ月の実刑判決を受けた。一方、高尾射殺の米村はというと、殺人罪で起訴されたものの、懲役一年六ヵ月。おまけに執行猶予つきという判決だった。

その後の長山中尉だが、東京府北豊島郡王子町（現東京都北区王子）で豊島合同労働組合の看板を掲げ、こんどは合法的な労働運動を開始している。「東京近郊でも有数の工業地帯であり、多くの労働者が住む王子周辺は、労働組合や活動家が組織化を図る格好の場所であった」（『北区史資料編近世1』）

先に紹介した信濃太郎『社会運動一兵卒の記録』には「王子、板橋方面には数多くの中小工場があり、毎日のように組合の大宣伝がはじまった。最初の争議である王子の佐藤ハカリ工場が、二、三日の交渉で日給七十銭の賃上げに成功して大戦果を上げたので、次から次へとストライキが起き……」と記されている。そうした忙しいなか、長山中尉らが富山県でランプ生活をしながら闘争を指揮したのも、こうした時期のことだった。

そのころ「高野実」という早稲田大学在学中の身ながら、共産主義色の強い学生運動をやっていた青年が出入りしている。のち総評（日本労働組合総評議会）事務局長として活躍。一時期の「高野総評」時代をつくった男である。長山中尉の異母妹・伊藤花子と結婚。以降、中尉の片腕となった。ただ、病身だった花子は間もなく亡くなっている。

長山中尉の最後

長山支部長
遂に絶命
電車にはね
飛ばされて

無産大衆黨の創立者の一人で同黨から町會議員に王子支部長を兼ねてゐる長山直厚氏([illegible])は十八日夜府外王子町で乗合自動車に乗らうとする所を王子電車にはね飛ばされ腦内出血を起して帝大病院に入院手當中の所十九日夜十一時四十分遂に死亡した

ひっそりと報じられた長山中尉の死
(昭和３年10月21日付東京朝日新聞)

そうした一連の活動ぶりが仲間や周囲の共感を得たのか、昭和三年（一九二八年）三月、王子町初の町会議員選挙に無産大衆党王子支部長として出馬した中尉が、議員定員三十人中、堂々の第五位当選を果たしたのは、まずはめでたい話だった。（『王子町誌』）

その投票日、中尉は直前の日本共産党一斉検挙（三・一五事件）のあおりをくって王子署の留置場にいた。無産大衆党の創立に参画したことが当局のごキゲンを損ねたらしかった。翌日開票。巡査が走り込んで来て「当選」を伝えている。そして言ったそうだ。

「しかし、気の毒だなあ。お前は当分出られそうにないぞ」

（『星とランプ』）

そんな、心気一転の長山中尉の地道な活動が花開き、これからという町議当選七ヵ月後の同年十月十八日夜、突然の死が訪れている。

乗合自動車（タクシー）に乗るため電車道路を横断中、疾走してきた王子電車にはねられ、手当ての甲斐なく、翌十九日死去。当夜は横なぐりの雨だった。巷では「君恋し」「出船の港」が流行していた。四十一歳だった。

西野辰吉は連載『星とランプ』の最終回で書いている。

「長山直厚が、わずかな二、三の記録にもおぼろげな姿しか残していないのは、彼が運動の底辺で活動した、ほとんど無名の活動家だったからだろう」「歴史というものは、おおむね頂点のところで整理される～その歴史の谷間で生き死にした、たくさんの人の無量の思いのこもるものであるのだが」「わたしは～人民的な民主主義の流れということを考えるようになって、頂点の側からでなく、底辺から歴史を見直したいと思うようになった」

社会主義中尉長山直厚、もって瞑すべし、というべきか。

第七章　パルチザン佐藤三千夫

日本人サトウ

ＪＲ仙台駅前からバスで一時間四十分ばかり県北部を走ったところに登米市（旧登米町）がある。その昔、登米伊達家の拠点で、北上川水運による県北流通の中心地だった。その繁栄をしのばせる明治期の由緒ある建築物も多く、「みやぎの明治村」が観光キャッチフレーズとなっている。

町はずれの山道上り口に「佐藤三千夫之碑」「佐藤三千夫記念碑」が建っている。この人物については前章「社会主義中尉長山直厚」の「チタで反戦活動」の項で、シベリア出兵日本軍への反戦ビラ「流し込み」に現地参加した若者として名前だけ紹介した。

碑銘には「佐藤三千夫」について大要次のように記してある。

明治三十三年（一九〇〇年）一月二日、登米町で父唯助、母トミヨの長男として生まれた。

仙台の旧制中学校を卒業。連合諸国軍シベリア出兵翌年の大正八年（一九一九年）、職を得てウラジオストクに渡った。十年八月、仕事を辞めて革命支持派パルチザンに加わり、「日本帝国主義によるシベリア干渉戦争」反対運動に東奔西走したが、病に倒れ、同十一年（一九二二年）十二月四日ハバロフスクの陸軍病院で亡くなった。二十二歳と十一ヵ月だった。

佐藤三千夫之碑。記念碑、碑銘が建つ（登米市で）

記念之碑の裏面に碑の由来が刻まれてあった。「作家徳永直は、一九五〇年、苦心探求の末危うく歴史の中に湮滅せんとしていた佐藤三千夫の数奇な生涯を書いた『日本人サトウ』を発表し、国際主義の闘士三千夫の事跡をほぼ明らかにした」「その年はじめて母国菩提寺（本覚寺）に於て没後二十八回忌追悼会が催され、佐藤三千夫記念会が生まれた」

この記念会によって碑が建立されたということだが、ここに出てくる徳永直（一八九九～一九五八）は熊本県出身のプロレタリア文学作家。著書に『太陽のない街』『妻よねむれ』などがある。「労働者作家」とも呼ばれた。三千夫の従姉の娘である佐藤トシヲと結婚したことから佐藤家とは縁続きとなった。トシヲは東京・上野の胡蝶看護会で看護婦として働

佐藤三千夫（「赤旗」昭和23年４月号より）

いていた。ちなみに徳永は三千夫より一歳だけ「年かさ」だった。

シャカイシュギ

その作家が「苦心探求」して佐藤三千夫の「事跡」を追い、昭和二十五年（一九五〇年）、小編ながら佐藤没後二十八年にして『日本人サトウ』を書いたというのだ。以下、徳永直の記述を中心に、その後発掘された資料で補強しながらパルチザン佐藤三千夫の軌跡をたどってみたい。地元研究家である金野文彦記念会事務局長『佐藤三千夫ほりおこしの十年』（『宮城の歴史地理教育』所載）なども参考にした。

徳永は三千夫に会ったことはない。前述のように親類に当たるトシヲと結婚（大正十三年）して佐藤一族と縁続きになったのだが、すでに三千夫はシベリアで没していた。名前を初めて耳にしたのも結婚して五年後のことで、法事で里帰りした妻トシヲが、三千夫の父親である唯助からこんなことを「こっそり」言われたというのだった。

「おめいのていす（亭主・徳永）もシャカイシュギなそうなが、うちのミヅオ（三千夫）もシャカイシュギになってなア。生きたのやら死んだのやら、わかんなくなったど……」

徳永は「何のことだかわからず、ききっぱなし」にしていたのだが、あとになって、同じ主義者仲間なら、なんらかの手づるで息子の生死を確かめられないだろうかという切ない親心からの言葉だったことに気づいている。

佐藤三千夫が実家にこまめに手紙を寄越していたことは、徳永からの問い合わせに対する三千夫の妹・佐藤キヨからの回答からもうかがえる。

「現地からの便り最後の頃、そのシベリアえゆくので手紙が出せなくなるので悪しからず～人手によって出すことが出来ればするとのことで、以后二三通ありました」（日本近代文学館蔵）

その最後の「二三通」の手紙が届いたあと、昭和四年（一九二九年）二月、突然の悲報がもたらされている。これも妹キヨが唯助の「心おぼえの筆記」からメモしたものを、ずっと後になって徳永に伝えた手紙によれば、その「心おぼえ」メモは次のような内容だった。

（唯助はこの「筆記」を遺して昭和十二年六月に亡くなっている）

「二人の人物がえらく難儀してたずねてきた。東京の『ナンカツ労働組合』の者だといった～二人とも秘密らしい人物」だった。そして「三千夫はパルチザンになって死んだ。あちらでは『佐藤進』と名乗っていた。遺品はむこうからみな送ってきたが、たいていは（関東）大震災で紛失した」と言うのだった。葬儀の写真、ノートなどが渡された。

なお、ここにある「ナンカツ労働組合の者」とは、前章終わりの部分で出てきた南葛労働会につながる人物だったとみて差し支えなかろう。

時代のうねりの中で

父唯助は町の商店勤めや銀行書記などをし、母トミヨは「古着行商」をしていた。三千夫は登米尋常小学校、同高等科を経て、これも地元の県立旧制佐沼中学校（現佐沼高校）に入学した。中学時代は漢文に長じ、当時田舎では珍しかった総合雑誌『中央公論』を購読していた。そのころから酒を飲んでいた（父親も飲み助だった）。

自らを「ドン牛居士」と称していた。「呑牛」だったか「鈍牛」だったか。後年、旧友たちは三千夫の命日に「呑牛会」と名づけた例会を開き、杯を上げている。

なお、三千夫が『中央公論』を購読していたという話は、徳永直の著書には紹介されておらず、ずっと後になって、たとえば冒頭「日本人サトウ」の項で紹介した金野文彦記念会事務局長の研究論文『佐藤三千夫ほりおこしの十年』（平成五年）に出てくる。

当時、「田舎」でその種の雑誌を読むということはどんな具合だったか。

ここらへん、三千夫の二年先輩に当たる、のちのプロレタリア文学作家黒島伝治（一八九八〜一九四三）は、生地の香川県小豆郡苗羽村（現小豆島町）で少年時代から文学を志望。「振替用紙を使って東京の出版社から本を取り寄せ」ていた。しかし、「村では小説を書いたり読んだりする者は国賊扱いされ」たということだ。（川西政明『新・日本文壇史第四巻』）

佐藤三千夫の場合はどうだったのだろう。『日本人サトウ』には「（登米という）古風な田舎」で「酔うと家の屋根にあおむけになって漢詩など大声でうたって」いたとある。場所こそ違え、ほぼ同時期、田舎で少年時代を過ごした佐藤三千夫と黒島伝治とを取り巻く環境がそう異なっていたとはおもえない。酔って大声を発する三千夫は、周囲に対してなにがしかのこだわり、なんらかの屈託を覚えていたのではあるまいか。

欧州で第一次世界大戦が勃発し、ロシアでは革命前夜をおもわせる騒動が相次ぎ、国内ではいわゆる大正デモクラシー高揚の勃興期に当たっていた。そういう時代背景もあってか、三千夫は中学四年生のとき、級友と共に「学校体制への不満」から同盟休校事件を起こしている。直後、仙台市にある私立東北中学校（現東北高校）へ編入学のかたちで転校した。いくつかの資料は「退学処分を受け」と記しているのだが、『佐沼高校百年史』には「（生徒たちの誰も）退学等の処罰はうけず」とある。

大正八年（一九一九年）三月、三千夫は東北中学校を卒業。仙台市内の簿記専修学校に入った。ひょっとしたら、彼は生きる術としてなにがしかの実技（この場合、簿記）を身につけ、「（登米という）古風な田舎」から、そして「（日本という世界の）田舎」から脱出して広く世の中を見てみたいという願望が早くからあったのではなかったか。

そのせっかくの簿記専修学校入学だったが、同年七月には早くも旅券を申請、取得してウラジオストクに渡っている。中心街にある木材輸出書籍文具販売業・木村商店が就職先だった。なぜ、革命騒動最中のロシア行きであったのか。そして、なぜ、木村商店だったかは分からない。三千夫、多感の十九歳。つんのめりになってでも駆け出したい年頃である。

反革命陣営に駆けつける志願者たち。1920年ごろの撮影（京都市・堀江満智さん提供）

そのころ、ロシア革命をみる日本国民の目はどうだったか。隣県・岩手出身の詩人石川啄木は次のような歌をつくっている。

若しもわれ　露西亜に入りて　反乱に死なむと
云ふも　誰が咎めむ

あるいはまた、大正七年、雑誌『労働及産業』が友愛会（のちの日本労働総同盟）の会員から懸賞論文「ロシア革命の感想」を募集したことがあったが、二等作品（一等該当なし）に入選したのは三千夫と同じ仙台市内に住む友愛会支部員だった。

「私はおどりあがった。そして家にかけこんで、子供らをだきしめてこう叫んだ。〃おい小僧ども、心配するな、おまえたちでも天下はとれるんだ！　総理大臣にもなれるのだ！〃。いわば、ロシア革命は、われわれに生きる希望をあたえてくれたのだ」（大河内一男、松尾洋『日本労働組合物語・大正』）

佐藤三千夫のロシア行き志望が、こうした革命観と無縁だったとはおもわれない。

一方の木村商店就職に関しては、『日本人サトウ』には「郷里出身の先進者をたよって」

とあるのだが、この「先進者」は特定できない。少なくとも木村商店の経営者木村恪(きむらつつしむ)ではないようだ。木村は神奈川県橘樹郡鶴見町（現横浜市鶴見区）の出身であり、直接の関係はみられない。（なお木村の難しい名前の読み方は東大名誉教授和田春樹『ニコライ・ラッセル上・下』による。教授は生前の木村と複数回会っている）

木村商店はマッチ製造販売業もしていて「六、七人の店員」がいた。三千夫はここに大正十年（一九二一年）八月まで丸まる二年間勤めた。そのころのウラジオ事情は混乱を極めていた。著名なロシア語学者だった八杉貞利東京外語学校教授の旅日記『ろしあ路』に収録されている「大正九年金角湾日記」には次のような記述がみられる。

「浦塩(ウラジオ)はもはや商業杜絶にて、当地にて生活し行き得るは陸軍御用達連のみ」「木村恪氏に面会せる際も同様の言あり。日本官憲、むしろ軍憲は対露貿易を何と考え居るかと言ひ～当地の物価は陸軍駐屯兵のために愈々暴騰するのみと言ひ、悲観的言を聞くのみなり」（八月五日）「木村氏より軍主計（経理）の腐敗談を聞く」（八月十一日）

この木村恪の名前は第四章「おらが総理田中義一」で紹介した堀江直造日記にも登場するのだが、八杉教授と木村は東京外語学校で教師と学生の師弟関係にあった。それはともかく、以上の記述からは、そのころともなると、長く続く出兵にダレ気味、緊張感を失った駐屯日本軍から芳しからざるニュースが頻々として流れていたことがうかがわれる。

そして、そんな将兵の不平不満を見すかすかのように、将兵に対する街角での「赤化宣伝文」の組織的な散布、ビラ貼りは日常的なものとなっていたのだった。

「今回ノ宣伝文ハ前例ト異ナリ〜相当教養アル日本人ノ作製セルモノト認メラレ……」（憲兵司令部編『西比利出兵憲兵史』）

日本セクション

当時のシベリアにおける反戦宣伝工作については次のようなロシア側の資料がある。「ソビエトの共産主義者と世界各国の革命的な労働者は共同して『見えない戦線』を開設した〜センターはイルクーツクとチタにあった」「日本セクションが活動を開始したのは一九二一年三月〜（日本語の）パンフレッドやビラが印刷され〜総部数四万四千部のビラ六種が印刷された」（一九八〇年十一月十五日付『今日のソ連邦』二十二号）

この日本セクションに田口運蔵という男がいた。新潟県新発田出身。米国で片山潜を支えて在米日本人社会主義団を結成。その後、片山と共に革命ロシアに渡り、国際革命をめざす共産主義インターナショナル、略称コミンテルン（本部モスクワ）と日本の運動組織との接点に立ち主要な役割を果たした人物だった。（荻野正博『弔詩なき終焉』）

たいへんな「ズーズー弁」で、久し振りに帰国した際には記者団に囲まれたのだが、彼の言っていることの半分も分からなかったという話が残っている。シベリアでの日本セクション活動でも彼がつくった反戦ビラは「ひどいズーズー弁で書かれていた」（広野八郎『葉山嘉樹私史』）というから念が入っている。もっとも広野八郎の方はというと、こっちは長崎生まれの「バッテン語」。余計に相手の話し言葉が気になっていたのかもしれない。

個人的な体験になるが、捕鯨母船に乗って南極海捕鯨の取材に出かけたことがあった。年末、船内通信室は南極海洋上から故郷の肉親あて年賀電報を打ちたいという乗組員でにぎわっていた。通信長の裏話によれば、東北出身乗組員が書いた電報原文の中に「チチシンデシンネンノ（謹んで新年の）……」というのがあったそうだ。ま、上記ビラの「ズーズー弁」が事実であったとしても、この程度のものだったのではなかったろうか。

さて、そんな騒ぎのところへ、大正十一年（一九二二年）六月ごろ、前章「社会主義中尉長山直厚」で扱った高尾平兵衛、長山中尉ら八人が印刷機材と共に到着している。

この一行のシベリア・チタ潜行に関しては、先に「モスクワからの指令（と推測される）」と記したのは、このへんのことで、やはり印刷専門家や機材の不足に悩む日本セクションからの要請があったものとおもわれる。果たして一行の顔ぶれをみると、高尾と長山、案内役（吉原太郎）を除けば、あと全員が印刷工場労働者だった。

高尾らのチタ入りのもう一つの目的（指令）は、印刷の仕事が終わり次第、これら印刷労働者をモスクワのクートべ（東方勤労者共産主義大学）に送り込み、筋金入りの主義者に仕立て上げることにあった。彼らは、今風にいうと、スカウトされてきたのだった。

うち北浦千太郎は、のち当局の取り調べに対し、「ロシアヲ見セテ遣ルカラ行カヌカ」と、高尾から誘われたと述べている（『現代史資料20』北浦調書）。もっともこの北浦は「革命ヲヤレバ理想社会ガ来ル様ニ考エ」、集会や研究会に出入りしていて声をかけられているから、印刷労働者であれば誰でもよかったというわけではなかったようだ。

のち、この印刷グループはモスクワに出てクートベに入り、やがて全員帰国した。北浦の場合、二年半後に帰国。一時期、日本共産党に入って精力的に党活動を推進している。

空白の一年

佐藤三千夫のことである。

木村商店には大正十年(一九二一年)八月まで二年間勤務した、と、ここまでは記した。その後、連絡先を二回変えたあと、消息は途絶えた。それから丸一年を経て三千夫の名前は、大正十一年初夏、あのチタに潜入した高尾平兵衛関係の資料に一行だけ出てくる。

「一同は~吉原(吉原太郎。案内役)と高尾の指揮のもとに印刷をはじめた」「すこしおくれてウラジオストク方面より到着した佐藤三千夫も協力した」(松尾尊兊「忘れられた革命家高尾平兵衛」雑誌『思想』昭和四十七年七月付五百七十七号所載)

そして同年十二月末(記念碑では十二月)、反戦ビラ配布の最中に倒れたとされるのだが、この空白の一年間になにがあったのだろうか。『日本人サトウ』は三千夫がこの空白期間の後半に当たる大正十一年春、一時帰国したことを伝えている。二十二歳になっていた。

東京・上野の胡蝶看護婦会にいた妹キヨとトシヲ(のち徳永直の妻)を「ひょっこり」訪ねてきた。「えらく大人になっていたんで、びっくりした」「兵隊検査を受けに帰ってきたという話だった」。三日目、再び彼女たちの前に現われ、「兵隊検査は（福井県）敦賀でも受けられるから敦賀へもどる」と言い残して立ち去った。故郷登米へ里帰りした形跡はない。そのころ敦賀〜ウラジオ間には大阪商船（現商船三井）の定期航路が就航していた。

当時、日本の男子は満二十歳で兵隊検査（徴兵検査）を受ける義務があった。しかし日本の国家主権の及ばない外地においては、「国民の義務」という視点からみた道義的問題は指摘されるとしても、現地でそれ以上追及されることはなかった。ただ、本人が日本内地に戻ったとなると、この兵隊検査の問題が出てくることになる。三千夫が肉親に対して「兵隊検査」を帰国理由にあげたのも、こうしたことが念頭にあったからかもしれない。

いやいや、そんな兵隊検査の問題ではなく、彼、佐藤三千夫は日本共産党に入党するため、春、帰国してきたんです、と『日本人サトウ』の徳永直は元共産党史資料委員会の古参党員から聞き出している。だが、治安維持法による弾圧下、非合法のかたちで日本共産党が創立されたのは、この年の夏七月のことだった。

「すると彼は、まだ創立以前、少なくとも創立準備中の日本共産党へ、はるばる（シベリア）沿海州から東京へ、秘密のうちにやってきたのだということになる」（同）

日本共産党創立事情に関しては、党中央委員となった市川正一（山口県宇部出身。非合法運動で長期刑。獄死）の『日本共産党闘争小史』（『市川正一著作集上巻』）に詳しい。

「コミンテルンの指導者たちは、日本におけるプロレタリアートの階級的成長、その階級闘争の勝利のために絶対に必要なプロレタリアートの政治的闘争の組織、プロレタリアート革命の指導者、司令部なる日本共産党を組織させることに全力を注いだ」

佐藤三千夫はこうした緊迫の渦中に自ら飛び込んで来たことになる。

冒頭で三千夫の悲報を実家にもたらしたのは「ナンカツ労働組合の者」と記述した。ここの二人が、わざわざ「えらく難儀してたずねてきた」のも、今回の一時帰国に際して彼がこの「ナンカツ」の面々とも接触したことを裏付けるものといえよう。そして先の市川正一とも会い、好印象（?）を与えた様子は、『小史』の中で、何度か彼の名前が「英雄的闘争に身をささげ」た闘士として特記されていることからうかがえることだ。

「以上に述べられている事柄が、胡蝶看護婦会にキヨとトシヲをたずねてきた、東京二日間（三日間?）の滞在と、関係あることに疑いはなかろう」（『日本人サトウ』）

「宣伝は武器なり」

これで「空白の一年」のうち、後半部はほぼ追跡できたことになるのだが、前半部の足跡については確たる資料に乏しい。創立準備中の日本共産党内部の状況を、遠く離れたシベリアの地でどうしてキャッチし得たかのナゾも残ったままだ。

この前半部、つまり佐藤三千夫が勤務先の木村商店を去った大正十年（一九二一年）八月から翌十一年春の一時帰国に至るまでの動静に関しては、のちの彼への追悼文数編からうかがうことができないでもない。

「数名の同志——朝鮮人、支那人、ロシア人等と共に重大な任務を帯びてアスチーノに向った」「白軍が窮鼠的攻撃を始めた。白軍騎兵の数百は赤軍の虚を衝いてアスチーノの村に攻め寄せた。砲弾は雨霰と飛んでくる。同志佐藤は他の同志と共に銃を執って第一線に立った」（赤岐狂平「赤旗の下に眠る佐藤三千夫」一九二三年六月刊『進め』所載）。「若い日本の労働者アサド・サトウ同志は、他の同志とともにシベリアに出兵した日本軍兵士に宣伝活動をおこなった〜困苦欠乏に耐え、たえず身をかくす必要にせまられ、いつも将校たちにつかまる危険におびやかされながら活動しなければならなかったので、そうでなくても弱かったサトウ同志の健康はまったく破壊されてしまった」（『今日のソ連邦』一九六六年十四号）。アサド・サトウとは当時使っていた変名、仮名である。

以上せっかくの追悼の言葉だが、内容に違いがあり過ぎる。「佐藤三千夫が病に倒れたのは、長山（中尉）、児玉（三郎）と共にハバロフスク方面の日本兵に、この新聞（チタ印刷の反戦ビラ）を配りに出かけたときのことである」（『忘れられた革命家高尾平兵衛』）といった記述もあり、「砲弾雨アラレ」の勇戦奮闘記との間に随分と落差がある。少なくとも同行したはずの長山中尉関連資料にもこうした勇ましい話は一切出てこない。

こんな記述もある。「持ってきた印刷機を機械工の水沼が組み立て、『八時間労働だ』と高尾がセッセと原稿を書き、文選・植字・印刷と手分けして『兵士・農民・労働者』という見出しのリーフレットを作った」「アジビラのようなもので、日本にもかなり送ったが、みな没収されてしまったようだ。『日本兵に訴う』という反戦ビラは露助（ロシア人）に頼んで

パルチザンにより破壊された鉄道。トロッコを使い物資輸送を急ぐ日本軍兵士（『西比利亜派遣軍記念写真帖』より）

ウラジオストクの日本兵に撒きに行かせた。見つかったら銃殺ものだ。活字はすぐに摩滅してしまった。半年間こんなことをしていた」（萩原晋太郎『墓標なき革命家』）

「露助に頼んで」といった場合があったのかもしれないが、三千夫や長山中尉らが苦労して反戦ビラを配布して回っていたことは間違いないとして、一体いつから、三千夫がこうした活動に挺身するようになったか、との疑問は残る。木村商店を辞めてわずか半年の間に、どうしてここまでやれるようになったのだろう。

ここで商店経営者の木村恪（明治十六年生まれ）の存在がクローズアップされてくる。

木村本人がウラジオに落ち着く前の経歴は多彩である。東京外国語学校ロシア語科卒。長崎税関の「監吏（官吏）」をしていた。日露戦争直後のことで、そのころの長崎は帝政ロシアに抗して亡命してきた「ロシア革命党」の面々の溜まり場だった。第一章「シベリアお菊」でも述べたように、かねて長崎は対ロシアの窓口だったことがあった。

そんな長崎に日本人や中国人志士らが最新ロシア情報を求めてやってくるのだが、ロシア語ができなくては文字通りお話にならない。そこで木村も引っ張り出されて志士たちの案内役、講師役など務めているうち、ご本人自身もだんだん傾斜していき、亡命ロシア革命党の「陰の援助者」となっていっている。

この長崎における亡命者たちのロシア革命党東亜本部を統率していたのは医師ニコライ・ラッセルで、彼の発案で極東ロシア人向けロシア語新聞『ウォリア（自由）』も発刊された。出来上がった新聞は「味噌樽、タクワン桶などの下敷き、ゴボウ包みの中、其他あらゆる方法で」ウラジオへ送られた。（黒龍会『東亜先覚志士記伝中巻』）

ラッセルの運動哲学は次のようなものであった。

「千万の武器、百千の爆弾、無論用なきではないが、革命の武器は先ず何よりも退いて綴る数部の宣伝紙である」（同）。宣伝に優る武器はなし、というのだった。

赤旗の下で

もうちょっと木村悋の話が続くが、その後、木村は北洋漁業漁船団のロシア語通訳となって出かけている。「彼は『ヴォーリャ（ウォリア）』援助の活動の故に身辺がうるさくなって長崎税関を辞め、一時ニコラエフスクで新潟遠洋漁業（日魯漁業の前身）に入って働いたが、一九一一年（明治四十四年）からはこの地（ウラジオストク）で商売をしていた」（和田春樹『ニコライ・ラッセル下』）

そのころ北洋漁業ではロシア語通訳は全くの人手不足だった。取り締まりのロシア官憲が日本漁船に通訳同乗を義務付けしたことによる。えいやっと通訳なしで沖に出ても、運悪く発覚すれば、一発で違約金二十五ルーブルを課せられた。「未熟通訳は多かったとみえて、何をいわれても『ダダ、ダダ（イエス、イエス）』と返答することが多かったのでダダ通訳と日本人が呼んでいた」（内橋潔『新潟県北洋漁業発展誌』）

そんな具合だったからベテラン通訳の待遇はすこぶるよかった。「漁夫ノ給料ハ網船頭一期（一漁期につき）百二十円、並漁夫一期三十五円」「通訳ノ報酬ハ一期参百円」（水産局『露領沿海州視察報告書』明治四十年）

木村はここで大いに資金を貯め、得意のロシア語が生かせるウラジオでの起業に夢に馳せていたにちがいなかった。

そんなこんなのことを、木村は折に触れ、従業員である三千夫らに話していたのではあるまいか。まして、いま、ロシア国内は大混乱。革命VS反革命でしのぎを削っている。木村は長崎において亡命ロシア革命党のシンパ、援助者でもあった。彼はそのことにも触れ、革命の意義、その歴史的必然性を語ることがあったと考えても無理はなかろう。ひょっとしたら、三千夫はかのニコライ・ラッセルが力説するところの「宣伝こそ武器」との言葉に心をゆすぶられた吹雪の夜もあったのではなかったか。

そうした影響これ大いにあって、三千夫はウラジオの街頭で反戦ビラを手にし、シベリア出兵の間違い、邪悪さに気づかされた。折から自身の兵隊検査時期。日本内地に戻れば、兵隊になって愚劣な戦争に駆り出されるという思いがあったかもしれない。

革命派パルチザン。「鬼畜」とある（丸亀市・山下尚子さん提供）

さらにいえば、木村商店勤めの三千夫はマッチ材用の木材買い付けによくシベリア奥地まで出かけていた。ロシア語は木村店主からも習い、それなりに話せた。そうした出先で「日本帝国主義」の強圧下にあえぐ移住朝鮮人の悲惨な境遇と抵抗意識を見聞きし、共感の念を持ったのではなかったか。のちの話だが、次のような資料がある。

「極東での日朝両国民の連帯行動が～佐藤三千夫、長山直厚らの協力も得て活発に展開されていたことは、たしかである」（岩村登志夫『在日朝鮮人と日本労働者階級』）

ここらあたり、『日本人サトウ』の著者徳永直もまた、「屋根のうえにひっくりかえって、漢詩などどなっていた中学生坊主が、一体いつごろパルチザン部隊に身を投じていくようになったか？」の点で、さかんに首をひねっているところだ。

そして「ナンカツの労働組合の者」が持ってきたという外国製パンフレット記載の「佐藤進（変名）を追憶す」の中にある「佐藤が遺したノートの中から発見された～告白」なるものを見つけ、これだ。これこそ、パルチザン活動に入った「たった一つ、今日ものこる証拠」と勇んで紹介しているのだが、どうだろう。この作家にしては、いささか苦しい。

参考までにその「告白」なるものを記すと――、「『日本ブルジョア政府のシベリア出兵は、巨億の日本労農階級の膏血の結晶を空にし、出征無産兵士を徒に極寒に苦しめ、更に世界最初の無産階級国家を暴圧するものである』という問題が、君（三千夫）をして抑々共産主義革命運動に一身を捧げるの動機を与えた」

コミンテルンの密使

最後の大きな疑問である佐藤三千夫と日本共産党とのつながりについてだが、（話はちょっと回り道するが）日本共産党創立に参画した荒畑寒村は『寒村自伝下巻』で、先の高尾平兵衛、長山中尉らのチタ潜入に際し案内役をした吉原太郎に関して「素性についてはまったくわからない」男だった、と次のようなことを述べている。

「宿屋でいっしょに入浴した際、太郎が誤って取落したハンカチの結び目がとけて、大小数十個のダイヤモンドが散乱したのに驚かされた。彼があわてて拾い集めながら、弁解らしく語ったところによると、そのダイヤモンドは革命運動資金としてコミンテルンから与えられたものの一部であった」

関連してこんな資料がある。「戦前の価格で約十万ルーブル（約二千ドル）の『貴金属類』を私（コミンテルン当局者）は吉原に渡した」「吉原に日本における組織化の計画が与えられた」（山内昭人『片山潜、在露日本人共産主義者と初期コミンテルン』大原社会問題研究所雑誌五百六十六号所載）。だが、『寒村自伝下巻』には、のち吉原太郎はこの資金を使って形ばかりの仕事をし、怒ったコミンテルンによりその「化けの皮」をはがされた、とある。

このように、当時のコミンテルンが対日赤化工作に大童だった様子は他のいくつかの資料からもうかがえる。前章で取り上げた「小作争議」に関わる『岐阜県労農運動思い出話』を改めて読み直してみると、次のような興味ある箇所にぶつかった。

昭和四年（一九二九年）四月、日本共産党の全国一斉摘発が行なわれた。岐阜県下にも指名手配男がいた。かねて中部日本農民組合に「ソ連にいっていて最近帰国した」という触込みで出入りしていた。当日、県特高課は自宅に踏み込んだのだが、男の姿はなかった。妻から事情を聞いていたのだが、なぜか表のネギ畑が気になる様子。ピンときた捜査員が掘起こしてみると、缶詰のカンが三個。「金時計、金指輪などがぎっしり詰まっていた」

のち、男は自殺死体で発見されたのだが、対ソ関連履歴は分からず仕舞いだった。

「露国過激派ハ日本ノ赤化ニ関シ莫大ナ宣伝費ト派遣員ヲ送レリトノ情報ニ接シ憲兵ハ一層対岸大陸方面トノ交通者ニ注意シ且所在要視察人物ノ行動監察ニ努力シ出入外人等ノ視察ヲ厳密ニシ……」（田崎治久編著『続日本之憲兵』）

佐藤三千夫の場合、こんな資料があった。

先の「シャカイシュギ」の項で取り上げた徳永直からの問い合わせに対する三千夫の妹キヨの手紙類である。その中に「なにをもっておりましたか」「どんな用件で来たか、話しておりませんでしたか」という徳永の質問に対する回答もあった。

「トランクには指はめ（指輪）で全部プラチナ、ダイヤなど」「指はめの売買でどうしてもシベリア方面え出かけなければならないとのことで、これを大量持っていました」

どういうことなのだろうか。

いま記した吉原太郎らのケースに当てはめてみると、次のような推測が成り立つ。

ビラ作りや配布活動で際立った働きを見せていた佐藤三千夫は、任務に忠実で信頼の置ける男と目され、イルクーツクにあったコミンテルン極東書記局から日本国内における革命運動資金用として宝石類を受け取った。（市井の個人商店を退職したばかりの若僧が普通の手段でそんな高価な宝石類を大量に所持することは到底考えらない）。そして日本における共産党立ち上げ事情を詳細に把握していたコミンテルンからの指示を受け、この宝石類を市川正一、もしくは党幹部に手渡すために一時帰国した——。

そう解釈すれば、「創立準備中」の日本共産党の隠密動静、とくに幹部連のアジト（連絡先、隠れ家）を、なぜ彼が熟知していたのかの疑問は一気に氷解する。警察スパイや情報屋が暗躍するなか、警戒おさおさ怠らない党幹部や南葛労働会の面々が、なんの疑いもなく、すんなりと、このシベリアからやってきた若者を迎え入れたかの説明もつく。事前にコミン

ハバロフスクの旧市議会におけるサトウ同志の告別式（『今日のソ連邦』1966年第14号より）

テルンからの秘密連絡を受けていたのだ。市川正一が困難な任務を果たした彼を大いに褒め称えている理由もこれで分かる。

彼にはれっきとした日本政府発行の正規旅券があった。潜行して秘密裡にシベリアへ渡らざるを得なかった高尾平兵衛、長山中尉らと違って合法的に日本との間を行き来できた。コミンテルン極東書記局はそんな点にも着目した。

佐藤三千夫もまた、吉原太郎のようなハレンチな事件を起こすことなく、憲兵や特高警察の厳しい監視の目をかいくぐり、見事その起用に応えたのだった。

先の『今日のソ連邦』（十四号）によれば、現地ハバロフスク発行の一九二二年（大正十一年）十二日付新聞「フペリョード（前進）」に次のような追悼記事が掲載されていたということだ。「かれは日本へ帰り、目ざめようとしていた日本のプロレタリアートに助力したいという希望に燃えながら、ハバロフスクにやって来た。しかし、のろうべき病気、結核はすでに彼をむしばんで

大正七年十月廿四日　福岡日日新聞

○全戰線に惡疫流行

將卒患者一千餘名に達す

例の流行性感冒の強烈なもの歟

◇戰地より

◇惡性肺炎

◇札幌の大火

▲惡性の感冒か

矢田軍醫の談

○冬營の生命は煉瓦爐

此温度で室内は合服で暮せる

室外には水蒸氣の銀針が降る

―松本氏の西伯利亜冬籠り談―

▼滿洲

悪性感冒流行を伝える新聞記事（大正７年10月24日付福岡日日新聞）

いた〜若い日本共産党はアサド・サトウ同志という貴重な献身的な働き手を失った。この損失はわれわれにとっても大きい」

これはこれで真に結構な追悼の言葉ではあるのだが、「われわれにとっても大きい損失」との記述は、考えようによっては意味深長である。若い外国人男の死にしてはハバロフスクで行なわれた葬儀は盛大を極めた。いま写真に見るその情況はいささか異様に映る。

当局はある程度知名度があった彼の葬送の儀を名目に、そのころ勝手な行動が目立ってきたパルチザン各派（たとえば、後述の尼港事件におけるトリアピーチン派の所業）に集合を呼びかけ、戦術戦略の再確認、意思統一を図る狙いがあったのではなかったか。

なお三千夫の死因は各資料によってまちまちだが、急激な容態の悪化具合からみて流行性感冒（スペイン・インフルエンザ）によるものとみて間違いなかろう。小男ながら「ずんぐりした」東北育ちの若い衆が、そう簡単にそんじょそこらの病にとりつかれることは考えにくい。この新型インフルエンザは、そのころ、シベリアに出兵していた日本軍はじめ、連合諸国軍の兵士たちの間で猛威をふるっていたものだった。「世界的大流行は容赦なく第一次世界大戦参加の将兵を殺し、日本のシベリア出兵部隊も襲った。もちろん日本国内においても、全国的に大惨事を引き起こしていった〜関東大震災よりも多数の人が死亡したのである」（山口県立大学教授井竿富雄『シベリア出兵におけるスペイン・インフルエンザの問題』同大学術情報第四号）

徳永直著『日本人サトウ』の題名は、先の太平洋戦争末期、ソ連軍の不法侵攻によってシベリア長期抑留を強いられた日本兵の一人が、ソ連軍情報将校に「日本人サトウを知らないか」と尋ねられた。その兵は偶然にも三千夫の故郷である旧登米町出身者だったという実話に基づく。

パルチザン佐藤三千夫——。二十二歳を一期としてシベリアの荒野を駆け抜けて行った。

第八章　革命軍飛行士新保清

粛清された男

「パルチザン佐藤三千夫」と並んで「シベリアで反戦活動をした日本人」として名前が出てくる人物に「新保清」がいる。大正九年（一九二〇年）三月、「日本兵諸君」と題する本名を明記した反戦ビラ「赤化宣伝文」を作成したことで知られるに至った。

宣伝文は漢字、カナ混じりの千字にものぼる長文で、自身の「軍歴」を述べたあと、「モウ好イ加減ニシテ醒メヨ」と呼びかけている。以下、最終の文章から――。

「一日モ早ク奴隷ノ境遇ヲ脱セヨ而シテ日本ノ労働者ト手ヲ携ヘテ銃ヲ諸君ノ兄弟ニ向ケス真ノ敵タル日本ノ○○及○○並ニ有産階級ニ向ケヨ而シテ更ニ世界ノ無資産階級ト手ヲ捉ヘテ自由ト幸福ヲ求メヨ　世界ノ無産階級万歳」（憲兵司令部編『西伯利出兵憲兵史』。文中○○は同史編集者の判断による伏字）

のち新保清はロシア・モスクワ郊外の監獄で軍事スパイ容疑により処刑されている。社会主義運動の系列につながる人物でなく、どの組織にも属していなかった。無鉄砲だが己の甲斐性を信じて生き抜こうとし、第一次世界大戦、ロシア革命、シベリア出兵という時代の荒波にたたかれた。推定だが、生まれは明治三十二年（一八九九年）。前章で登場した作家徳永直と同年齢、佐藤三千夫の一年先輩に当たる。処刑時、二十三歳であったか。

新保清の経歴に関する資料は極めて乏しい。運動の組織人でなく、主たる活動の舞台がヨーロッパ・ロシアを含む欧州の地に限られていたことがあげられよう。公的記録としては次のような司法省刑事局作成による『思想月報第三十三号』（昭和十二年）があるだけだ。

「〈入露時〉大十頃　〈入露中の行動〉『モスコー』ニ於テ東洋宣伝ノタメ開設セル宣伝員養成所ニ日本語教師トシテ採用セラレ活動（昭十、六調）」

シベリアで反戦活動をした新保清（×印。撮影日時、場所とも不明。新保家提供）

「新保清」は「しんぼ・きよし」と読む。わずかながらも残されている資料の中には、「神保」としたり、わざわざ「じんぼ」とフリガナを付けているものもある。耳で聞いた名前を、いざ文字に表わす段になって、あやふやなまま記したものであろうか。

日本人飛行士

頼りない話からスタートしたが、資料に限りがあるうえ、検証に困難な一方的な記述になっていることがある。たとえば、冒頭の「日本兵諸君」と題した反戦ビラは作成して約一年後の大正十年（一九二一年）四月になってハルビン市内で憲兵隊によって押収されたものだが、これには新保清本人の経歴が記されている。

「政府ノ（義勇兵）募集ニ応シテ仏国ニ送ラレ第五百六十二航空隊ニ編入セラレ（欧州）戦線ニ立テ幾多ノ戦ヲ経テ独軍ノ俘虜トナリ後露国ニ逃レテ現今労農軍ニ籍ヲ置ケリ」「元仏国第五百六十二航空隊付義勇兵　現露国労農軍在勤　新保清」

以上わずか数行の文章だけでも、すぐ指摘できる疑問点がみられる。日本政府による義勇兵募集や義勇兵派遣の事実はない。ただ、いわゆるボランティア的個人参加者はいた。

「第一次大戦で連合国は日本政府に再三、欧州戦線への派遣を要請。政府は応じなかったが〜個人資格で参戦のため渡欧する動きが出るなど世論は盛り上がった」（平成十年二月五日付読売新聞「革命ロシアに消えた日本人たち」の「メモ」より）

またフランス空軍で戦ったとある点については、新保とロシアの監獄で同囚だった久保田栄吉『赤露二年の獄中生活』（大正十五年）は次のような獄中会話を記している。

「（フランスの飛行学校に）在学していること二カ年。当時独仏は火花を散らして戦闘していたので、卒業後、滋野男（爵）等とフランスの飛行隊に投じ、大胆にドイツの戦線に飛んでは爆弾投下や戦況偵察などをしていた」「敏捷な奮闘ぶりは仏国飛行隊で早くも認められて、常に重大なる方面への戦線偵察には必ず神保君に命令があったさうだ」

文中に出てくる滋野男こと、滋野清武男爵は「バロン滋野（しげの）」としてフランス空軍はもとより日本航空界でも知られた超有名人だった。上記せっかくの獄中会話の記録なのだが、この滋野関連資料の中にも「滋野男等とフランス航空隊」に所属して「仏国飛行隊で早くも認められて」いたはずの新保清の名前が全く出てこないのはどうしたことか。

「バロン滋野」こと、滋野清武男爵

当時フランス空軍に在籍していた日本人飛行士の氏名はかなりの精度で判明している。「第一次世界大戦が起こり、ちょうど滞仏中だった滋野清武は陸軍大尉としてフランス軍に身を投ずる。その後、磯部鉄吉（いそべおのきち）、石橋勝浪、小林祝之助ら八名におよぶ日本人がフランス軍義勇飛行家となってドイツ軍と戦った（平木國夫『イカロスたちの夜明け』）」「日本人はそれでも前後して八名になり、滋野、馬詰、磯部君等と僕の四名の在留組。米国からは茂呂、山中、武市が馳せ参じ，遥々日本からは小林といふ青年がやってきた」（石

橋勝浪「亡き友を想ふ―前大戦・空の参戦記―」昭和十六年五月号『航空朝日』所載）

なお、このうちの「小林」こと、小林祝之助はドイツ空軍機と交戦、「日本人初の空中戦による戦死者」となっている。二十六歳。京都市出身。

もう一人の義勇飛行士

ここにも新保清の名は出てこない。しかし――、手を尽くしているうち、こんな記述に出会った。上記日本人飛行士のうちの磯部鉄吉の著書『空の戦』（大正七年）で、「（パリ郊外の飛行学校に通っていたのだが）余の他に、やはり日本の義勇兵が一人、兵隊として生徒の中にあった」とある。

磯部は元海軍機関少佐。飛行機に興味を持ち、海軍を退役。間もなくドイツに渡って操縦術を習得した。間もなく第一次大戦となり、「空中戦の実況を自分の目で確か

MINISTÈRE DE LA GUERRE

RÉPUBLIQUE FRANÇAISE

Paris le 27 Aou 1918

Monsieur,

J'ai l'honneur de vous adresser, sur votre demande, une autorisation d'engagement, pour la durée de la guerre, au titre de la Légion étrangère.

Agréez, Monsieur, mes salutations empressées.

Mr Katsuro ISHIBASHI
aux soins de l'Ambassade du Japon
7 Avenue Hoche
PARIS

石橋勝浪のフランス軍従軍許可証
（『航空朝日』昭和16年3月号より）

めたい」と、バロン滋野を頼ってフランス空軍入りを志望した。ドイツの飛行免状ではドイツ上空に限定されて欧州全域の空を飛べない。そこで「万国飛行免状」が取れるフランスの飛行学校で学び直すことにしたのだった。当時フランスは世界航空界の中でトップだった。（のち磯部は飛行機事故により負傷。帰国後、日本における航空思想の普及に尽した）

「兵隊の日本人義勇兵」に関する磯辺の記述は以上の一行だけである。

そのころ新保清より四、五歳先輩の石橋勝浪も、やはり義勇兵の「兵隊の身分」でフランスの飛行学校に在籍していたのだが、磯部とは別の学校だった。また新参の小林祝之助にしても磯辺とはかねて顔見知りである。

負傷し、フランス軍から勲章を授与さた磯部鉄吉（『空の戦』より）

こうして名前を消していくと、ほかに該当者はなく、磯部の言う「兵隊の日本人義勇兵」が新保清である公算が極めて高い。

石橋は『亡き友を想ふ』の中で「元来フランスは人口が少ないため外国人志願兵制度があって、身体さへよければ～兵隊になれる」とも書いている。これからしても新保清のフランス軍入りの可能性は十分考えられよう。本章冒頭部で彼の反戦ビラのことに触れたが、ビラの最後に

「元仏国第五百六十二航空隊付義勇兵」とあった。この「航空隊付」の「付」がミソで、彼はこの航空隊所属の地上要員として勤務するかたわら、部隊から特別許可をもらって飛行学校に通っていたのではあるまいか。先の獄中会話の勇ましい内容は、若者にありがちな自分を大物に擬したい心情が手伝ってのことではなかったか。

当時のフランス空軍の台所事情について、磯部『空の戦』には「負傷将校及び兵士にして歩兵隊としては働きは悪いが、飛行家として差支へなき志願者中より採用している」とある。また、あの「ヒコーキ好き」作家だった斉藤茂太著『飛行機とともに』をみると、当時の飛行士資格は「独身であること、体重十五貫（約五十六キロ）以下であること、酒・タバコをたくさんたしなまぬこと、であったそうだ」とある。ここらあたり、写真でも分かるように、新保清は背丈一・五メートル足らず（体重は不明）の小柄な男だった。

「清伝説」

新保清の親類筋が北海道にご健在で「清伝説」が語り継がれていた。

「小学生の時、発明まもない飛行機に夢中になり、竹でワラ筒形の飛行機を作っては『納豆飛行機』などと呼んで飛ばしていた～早くから海外で飛行機乗りになる夢を持ち、高等小学校を卒業後、音別村の家を出て函館の海産物問屋に奉公した」「一九一五年（大正四年）、十六歳でウラジオストクに渡り、シベリア鉄道経由（？）でフランス・パリへ。そこで操縦を

覚え、フランス軍の義勇兵として第一次世界大戦に参加した」（読売新聞記事「革命ロシアに消えた日本人たち」より）

家人によれば、男二人、女三人の五人兄弟姉妹。次男だった。漁業の父親新吉はなんともサバけた人物で「男子たるもの、狭い日本にいることはない」と常々言っていた。その父の友人に貿易会社高田商会の技師がいて、当時まだ十代前半の新保清に「飛行機の有望さ」や「飛行家になるにはフランスが一番」など語りかけていた。以来、子どものころからの飛行熱はますます高まっていったということだ。

海軍初期のモーリス・ファルマン式100馬力
（大正３年『日本航空史・明治大正編』より）

そして、記事は「ウラジオからシベリア鉄道経由」によって欧州に向かったとしているのだが、先の『赤露二年の獄中生活』には「大阪商船の貨物船に乗り込み」「マルセーユに上陸」と記されている。本稿ではこちらの久保田説を採用したい。新保清本人から直接聞いているのが何よりの強みであるほか、父親の友人技師がいる高田商会の存在がある。

高田商会は当時、欧米からの機械、船舶、軍需品輸入で最高の実績を持つ貿易商社だった。船会社にとって最大の顧客だったから、新保清を大阪商船の船に便乗させることはわりかし容易であったろう。海の世界には「泣く子と荷主にはかなわない」という言葉があるのだ。技師は親切にも船幹部あての「添書」を書いたに相違ない。その年、大正四年、大阪商船は欧州航路に臨時便ながら複数の貨客船を就航させていた。

次のような資料もある。「大正初期～高田商会の仕事ぶりは全国的に知れ渡り、北海道では二十歳の青年が高田商会を目指してフランスへ赴き、飛行士になったという飛躍した伝説も伝えられている」（山口昌男『経営者の精神史』）

かの文化人類学者にしては言語不明瞭な箇所があって気にかかるものの、新保清と高田商会との関連は十分にうかがわれる。

さて、話は戻って、この無鉄砲な次男坊からは実家あて、時々便りがあり、一家における「清伝説」がつくられていった。

だが、最終到達地点のロシア入り以降、連絡は途絶えた。父新吉は晩年、「ひょっこり青い目の赤ちゃんを抱いて帰ってくるかもしれんネ」。そんな切ないことを、なんどか口にしていたということだ。

せっかくの親心だったが、事態はもっと深刻に推移していた。

以下、先の久保田栄吉『赤露二年の獄中生活』の記述に頼るところが多いのだが、ここで少しわき道に入らせてもらうと、この久保田栄吉（本名・寺田仁三郎）なる男はいささか注釈を要する人物だったようだ。

久保田本人の申しようによれば、「所用」でウラジオストクに行ったさい、顔見知りの革命政府関係者から「モスクワ陸軍大学の日本語教授にならないか」と誘われた。承知してモスクワに出たところで「軍事探偵」容疑により逮捕され、二度にわたって死刑判決を受けた。獄中生活は二年に及び、獄中で新保清やかねて顔見知りのジャーナリスト大庭柯公に出会っている。（のち、この新保、大庭の銃殺刑をロシア人囚人から聞いた）

「久保田栄吉とは何者かというと、彼は当時ソプラノ歌手として人気のあった関屋敏子の姉の夫に当る男だった～北海道で悪いことをして沿海州に逃れ、そこで捕らえられて監獄に入れられた」「久保田栄吉という者がいて、シベリアの監獄に二年間ぶちこまれて日本に帰ってきていることが分った。この久保田に接触が行なわれた結果、中野正剛はソ連（一九二二年・大正十一年発足）の第三インターナショナルのスパイだという証言をさせることにして、久保田はそれを『赤露二年の獄中生活』という本に書いた」（松本清張『昭和史発掘①』）

ここに出てくる中野正剛なる人物は野党民政党の代議士。「反軍派政党人」として知られた。折からの田中内閣による「シベリア出兵の愚」とその金権体質を追及し続けていた。久保田はそそのかされて『赤露二年――』を書き、その中野正剛追い落とし陰謀の片棒を担いだというのである。「シベリアゴロ」と評した文献もある。（なお中野代議士は後年、時の首相東條英機と対立、逮捕。釈放後、自決した）

証拠デッチ上げ

これでは著書『赤露二年の獄中生活』の内容全体の信頼性を問われかねない。そこで『赤露二年――』をぐっと腰を落とし身構えて読んでいったのだが、（中野正剛関連は別として）多くの話がかなり具体性を伴って記述されている点があげられる。

たとえば、先の獄中で再会したジャーナリスト大庭柯公はスパイ容疑をかけられていたのだが、ソ連官憲による大庭逮捕理由のひとつに「日本陸軍特務機関との接触」というのがあった。大庭がチタからモスクワ入りするさい、「停車場で特務将校に見送られ」ている写真があり、これが動かぬ証拠とされた。

だが、これについて久保田は「馬鹿げきった云ひ分」「俺が撮った写真だ」。フン、と鼻を鳴らして言うのである。

そのころチタの日本軍特務機関は鉄道車両を借りて役所兼官舎にしていた。当時、宿泊施設不足のロシア都会ではこうした「列車生活」は珍しいことではなかった。

同じチタの小ホテルで当局によるモスクワ入りの許可をじりじりして待っていた久保田や大庭は、「退屈しのぎ」と情報取りの意味合いもあり、この特務機関になんどか遊びに行っていた。

写真が趣味の久保田は、その車両をバックに大庭や特務将校、タイピストらの集合写真を撮影したことがあった。「大庭君が無聊に苦しんで盛んに女の話でもして日を送っていた頃である」。それなのに、写真に列車らしいものが見えたら停車場（駅）と早合点し、軍人の姿があれば「見送り」に来たものとする。「実にあきれたタワケモノと云ふの外ない」

問題の写真は久保田本人の逮捕時に押収されたものとみられるのだが、ここらあたりの描写は大庭逮捕デッチ上げの証左ともいえそうだ。

大庭柯公（本名、景秋一八七二〜一九二二？）は山口県長府の出。知られたロシア通の新聞記者だった。よく海外に出ていた。放浪志向は終生消えず、「なんでも見てやろう」式のジャーナリズム特有の好奇心あふれる人物だった。「みずから革命ロシアをみたい、として、シベリア出兵で反日気分旺盛なロシアに入ったことからも知れるだろう」「これがみずからを死に追いやることになった」（鈴木正節『大正デモクラシーの群像』）

話は元に戻って、以上、一例しか取り上げられなかったが、『赤露二年の獄中生活』は全編を貫く「ソ連憎し」の感情表現は仕方ないとしても、案外、そこに居合わせたものでしか描写できない素直な記述が続くことに気づかされる。

そんな久保田栄吉だが、自身に死刑を言い渡されたとなると、「抗議書」や「特別願書」を連発。「抗議の断食」で刑の不当性を訴え続け、ついには「放免」をかちとるなど、たくましい神経と少々のことではへこたれない柔軟な肉体の持ち主だったようだ。

帰国後の久保田はエス・ニールス著『世界顛覆の大陰謀ユダヤ議定書』の訳書（昭和四年）を出したほか、反ユダヤ研究分野における著作で知られるようになっている。

獄中会話

新保清のことである。

前述のように彼は『赤露二年の獄中生活』にたびたび登場する。その会話内容の信用性に関しては、筆者の久保田と新保は同じ監房（雑居房だったが）で八ヵ月間を共に過ごした獄中仲間。語り合う時間は十分あったとおもわれる。しかも共に北海道出身の同郷で、久保田の方が明治二十年（一八八七年）生まれの大先輩。およそ十二歳の差があったから「前の話はこうだったぞ」「ウソをつけ」なんて遠慮会釈なく問い質せたはずだ。

で、記述されている新保清物語をいましばらく続けてみると――。

操縦していた飛行機の左翼が強度不足でブラブラ状態になったため、不時着。ドイツ軍に捕らえられた。収容所内には「革命ロシアの赤化宣伝書類」が密かに持ち込まれていたことから、なんどか手にするうち、「ロシアを天国の如く憧れ」るようになった。

大嵐の夜、一人で脱走し、国境を抜け、ポーランド、ラトビアを横断してロシア領に入った。欧州戦線から離脱して帰郷を急ぐロシア兵で超満員の列車に潜り込めたのが幸いした。

そこまではうまくいったのだが、しかし、革命直後のロシア国内はどこへ行っても混乱状態。暴力、犯罪、飢餓、疫病。いっぺんに幻滅だった。

そこで日本へ戻ろうと、モスクワからウラル・チェリビンスクまで来たところでストップを食った。ここから先は革命支持派軍と反革命コルチャク軍（オムスク政府）との交戦地帯というのだった。

もっと悪いことに日本人であることがバレ、治安当局に捕まってしまった。しかし、日本軍シベリア出兵の以前に離日していることや飛行技術があることが分かり、革命ロシア軍飛行場「手伝い」を命ぜられている。もっとも彼の搭乗時には「(軍当局は) 逃げられるのを恐れ〜一時間以上の飛翔はできないやうにガソリンを与えていた」ということだ。

そのうち、当局からロシア語で書いた日本軍向け宣伝文を日本語に訳せ、といってきた。これが冒頭で記した反戦ビラ「日本兵諸君」で、渋る新保清を脅迫。死刑までちらつかせたというから穏やかでない。ともかくも強制的とはいえ、こうした反戦ビラ作成に協力したことで、彼は「これで、もう日本に帰れなくなった」。ひどく悩んでいたという話だ。

シベリア・チタ上空を飛ぶ日本軍機。同機は元革命ロシア軍機で日本軍が捕獲し利用した(『西伯利亜出征記念写真帖』より)

ところが、せっかくここまできて、次のようなハナシがぽろっと出てくるものだから、資料を前にした当方(筆者)としても「ひどく悩み」は尽きず、混乱してしまう。

「新保ハ大阪毎日新聞特派員中平亮ノ書イタ宣伝文ヲ貰テ之レヲ自分ノ名前テ印刷シタコトガアルラシイノテアリマス〜本人ニ聞イテ見マシテ判明シタノデアリマス」(大正十二年一月〜十二月『過激派其他危険思主義者取締関係雑件十七「露国ヨリ帰来シタル小玉三郎ノ件」外務省史料館蔵) なおこの供述にある「中平亮」

の取り違えである。

小玉三郎（児玉とも）は第六章「社会主義中尉長山直厚」に出てきた国際共産主義者片山潜につながる運動家。シベリア・チタで長山やパルチザン佐藤三千夫らと反戦ビラを印刷、配布していたが、やがて「軍事スパイ容疑」で逮捕され入獄していた。

この小玉に関しては『取締関係雑件十六（大正十三年一月～十四年六月）』の中にも供述書があるのだが、この供述が先のものとはかなりニュアンスが異なっている点、またまた戸惑わされることになる。

「『モスコー』テ新保ニ会タトキアノ宣伝文ハ君ノ名前カ書テアルカ君カ書タカト尋タ処～『中平』カ書テ自分カ『サ印』（印刷？）サセタト彼ハ云ウカ自分ハ信シヌ。中平ナラモットヨイ文章ヲ書クタロウ」「（新保は）主義者テモナケレハ、マタ二十歳前後ノ小児タ」

最終文章の末尾にだけ句読点がついた読みにくい文章で、たとえば「マタ二十歳前後ノ小児タ」は「（新保は）まだ二十歳前後のガキだった」と読み解くべきか。ともかくもこの小玉供述は「強制的に訳させられ」とか「もう日本に帰れなくなった」といった新保清の嘆きとはいささか縁遠いハナシになっている。どう解釈したらいいのだろう。

反戦ビラの謎

ここらへん、ほんのちょっぴりだが心当たりがないでもないので、少し長くなるが、もうちょっと手を広げてみると——。

『朝日新聞社史大正・昭和戦前編』によれば、いま、紹介した大阪朝日中平亮記者は一九二〇年（大正九年）六月三日、同じロシア特派員仲間の大阪毎日新聞布施勝治記者と共に革命ロシアのトップ指導者レーニンと三十分にわたる「会見」に成功した記者だった。「（布施、中平は）クレムリンの執務室でレーニンと会見した最初の日本人であった」（メリエチェンコ著佐野柳策ほか訳『レーニンと日本』）

会見記は六月半ば、それぞれの新聞に掲載されたのだが、大阪朝日の場合、「（以下其筋の注意により百四十四字抹消）」「（以下其の筋の注意により中略）」といった検閲の痕跡をありありと残す記事になっている。

「其筋」「其の筋」「抹消」「中略」といった言葉遣いの混用もみられ、「しっかりせんかい」と思わないでもないが、そうしたガタガタ記事を載せることにより、当局、つまり内務省検閲に対するせめての抗議の姿勢を示すものであったか。

大阪毎日もまた、「布施の電報からは四十六行が削除された」（同）ということだ。

ところで、中平記者はこのレーニン会見に先立つ四ヵ月前、ロシア当局の求めに応じ、シベリア出兵の日本軍あて「同志日本の兵士諸君」で始まる「アピール文」なるものを書いている。本項初めのところで新保清が「反戦ビラ」を作成するに至るまでのいきさつに関して「心当たりがないでもない」と記したのは、このことで、もし新保の「反戦ビラ」と中平が書いた「アピール文」の文章が、そっくり、あるいは酷似する箇所がいくつかあるということであれば万事OKとなるのだが、果たしてどうだろう。

まず、小玉供述によれば、新保清は「露文の日本語訳」を「強制的に頼まれた」とか、「中平からもらった宣伝文」といった趣旨のことを話している。これからすると、中平記者作成の「アピール文」がロシア語によるものであったかどうかが問題となってくる。

これについては『社史』を読むかぎり、ロシア語遣いの中平記者はロシア当局の検閲が通りやすいようにということからか、モスクワ発の原稿はすべてロシア語で書いていたようだ。ましてて「アピール文」は当局の求めに応じで書いたものだったから、ロシア文だったと考えて間違いあるまい。先の『レーニンと日本』によると、中平記者は先のレーニン会見記の電報原稿もやはりロシア語で書いている。

次に、念のためだが、新保清が「『中平』カ書イテ自分カ（印刷）サセタ云々」と話していることについてだが、中平記者との接点はまるで見つからない。で、ここらあたりは「中平が書いたものをロシア当局から渡された」という意味と受け取るのが素直であろう。

それでは中平記者作成の「アピール文」から、本章冒頭部に記した「日本兵諸君」と題する反戦ビラと同じ箇所に相当する部分の文章を抜き書きしてみると――。

「日本人兵士が資本家の雇われ警官として奴隷に甘んずるか、または自由人となるか、はっきり示さねばならない時が来た。もし奴隷でないのであれば、この恐ろしい戦争を止め、さらなる流血を拒否して自分の恥辱を洗い流すのだ～流血はもうたくさんだ。戦争を止めろ！

日本の農民が平和な労働に戻り、偉大なるロシア社会主義連邦共和国と友好に共存する時が来たのだ」「ソビエト・ロシア在住の日本人の名において。一九二〇年二月二十三日、モスクワにて。中平亮『朝日新聞』特派員」（『レーニンと日本』）

どちらの文も当方（筆者）が原文に当たっていないというウラミは残るとしても、双方、ぜんぜん似ていない。共通する用語使用例も見当たらない。したがって新保清が中平記者の名前を持ち出したのは、ロシア当局による「あの大阪毎日（大阪朝日の間違い）の中平もこんなのを書いている。お前もこれを参考にして……」といった程度の話があったかもしれないが、全くのお門違いということになる。

以上、結論として新保清作成「反戦ビラ」の原文はロシア当局が用意したものと判断される。そういえば、このビラ文面には、どこか訳文調、翻訳調がにおう。それにしても小玉三郎供述にある「中平ナラモットヨイ文章ヲ書クタロウ」には、同記者の後輩に当たる当方としては、や、どうもどうも、と頭を下げるしかない。

ヒコーキ野郎

新保清がどこまで革命ロシア空軍に対して技術的な「手伝い」をしたかは不明だが、『赤露二年の獄中生活』には、こんな話も記されてある。

チェリビンスクの飛行場に行ったさい、「シンボ、シンボ」と呼ぶ声がする。飛行服のロ

第四節　航空機及其操縦者（一九一三年發行ウオールド年鑑に據る）

國名	操縦者 飛行機	操縦者 水上飛行機	操縦者 飛行船	操縦者 氣球	飛行機	飛行船
獨逸	六八〇	｜	二七	九六八	一、〇〇〇	三〇
墺地利	一四四	｜	二五	九七	四〇〇（洪牙利共）	一〇
白耳義	六六	｜	二	五九	二五〇	四
丁抹	一五	｜	｜	七	｜	｜
埃及	一	｜	｜	｜	｜	｜
西班牙	五三	｜	四	四八	一〇〇	三
北米合衆國	二二七	一五	三	四三	一〇〇	二
佛蘭西	一、二七三	一	三〇	三六〇	一、一〇〇	二〇
英吉利	七五〇	一	二〇	二七	四五〇	一五
洪牙利	一五		｜	｜	｜	｜
伊太利	二三六	｜	一五	七二	六〇〇	一五
諾威	七	｜	｜	五	一〇	｜
和蘭	三三	｜	｜	二九	｜	｜
亞爾然丁	二六	｜	｜	｜	一五	｜
露西亞	二三三	｜	一	二五	八七五	一八
瑞典	一七	｜	｜	八	一〇	｜
瑞西	三六	｜	一	二七	二〇	｜
日本	？	？	？	？	一〇〇	四

日本図書センター『大正社会資料事典・第1巻』より。
底本は大正７年『最新知識百科事典』一誠堂刊

シア人士官が手招きしている。はて、と近づいてみると、両手を握って懐かしげに話かけてくる。思い出した。なんと、この士官はフランスの飛行学校で共に学んだ男で、「身長五尺以下の特長を有する」新保清をよく覚えていたというのだった。（このロシア人飛行士官の言動からいっても、彼がフランスの飛行学校で学んだのは間違いないということになる）

そのころの世界航空事情については表の『航空機及其操縦者』が示す通りで、出典は一九一三年（大正二年）発刊『ワールド年鑑』。

ライト兄弟が人類初の動力飛行に成功したのが一九〇三年（明治三十六年）だったから、わずか十年にしてこれだけの驚異的進歩を遂げたことになる。とくに第一次世界大戦に突入後、軍用機部門は飛躍的に発展していったことが分かる。

新保清青年が見上げるフランスの青空には、こうした「古き良き時代」の複葉機が、ぶーん、ぶーんと、のびやかに、そして誇らしげに飛んでいたにちがいない。掲載の表は第一次大戦勃発直前の調査だが、これからも当時のフランス航空界が世界で断トツの勢力を築いていたことが分かる（表の中ほどの「佛蘭西」がフランス）。だからこそ、バロン滋野はじめ、日本人ヒコーキ野郎が先を争うようにして「フランス詣で」していたのだった。

氷結のシベリア・キノンスコエ湖上に着陸を試みるモ式4型機（『日本航空史・明治大正編』より）

「フランスといえば、ファルマン、サルムソン、ブレゲー、プレリオ、ニューポールなどの自国機を量産して、独、英、米を引き離し、航空機では質、量ともに世界一の水準を誇っていた」（前間孝則『朝日新聞訪欧大飛行・上』）

そうしたなか、新保清十六歳が、無鉄砲ではあったが、やはりフランスの空を目指したことは、このころの日本人青年の意気と覇気、旺盛な好奇心と冒険心を感じてならない。

余談だが、新保清が革命ロシア空軍「手伝い」をしていたころ、敵側の反革命派軍にも日本人飛行士がいた。川辺左見という人物でセミヨノフ空軍少佐を自称していた。元朝日新聞千葉支局記者岡田宙太『房総ヒコーキ物語』によれば、民間航空発祥の地・千葉の「奈良原飛行団」（奈良原三次男爵）

で研鑽を積んだ。帰国してからもコサックの赤マントをひるがえして東京・銀座を歩いていた。関東大震災のときなど、そのコサック姿を怪しまれ、「スパイと間違えられて追い回された」というハナシが残っている。

のち空中サーカス興行「川辺飛行団」なるものをつくり、美人パラシューターガールを三百メートルほどの空中から飛び降りさせ、世間をあっといわせた。

このほか、鈴木明『ある日本男児とアメリカ』には、米陸軍飛行隊にも当時「ただ一人の日本人飛行士」東善作が在籍していたことが記録されている。

モスクワ放浪

新保清は革命支持派軍の間で受けはよかった。大男ぞろいのロシア人から見れば、ごく小柄な体格ながら「優秀な（飛行）技術を持って敏活に働く」ことが好感を与えたらしかった。やがてモスクワに呼ばれて陸軍大学日本語教授になった。（冒頭の『思想月報第三十三号』によれば、上記陸軍大学というのは、その実、「宣伝員養成所」だった）

新保清にとって、このころが入露以来、最も気持が落ち着き、暮らしも安定した時期だったのではなかったか。恋をしている。東洋系のほっそりとした顔立ちの女性だった。名前を「サーニア」といった。出身国は分からない。

シベリアで演習中の帝政ロシア陸軍が捨て子の赤ん坊を拾い、孤児院に入れ、連隊の費用で女学校まで行かせた。美人のうえ頭の回転もよかったことから、連隊長の世話で連隊士官と結婚した。だが、幸せも一時。やがて革命が起き、夫は過激派軍により殺された。途方に暮れている夫の実家があるモスクワに出たが、革命騒動で一家の消息はつかめない。途方に暮れているところを年寄りのユダヤ人薬屋に親切にされ、後妻となった。

本人は常々「私は日本人」と言い、そのように振舞っていた。そこで新保清が、日本人かどうか、確かめようと会いに行ったのが交際のきっかけとなったといわれる。だが、間もなく、新保逮捕――。

逮捕理由は明確でない。軍事探偵の密命を帯びてフランス経由でロシアに潜入。飛行場で軍事機密を探り、さらに陸軍大学に転じて秘密をさぐったとされた。ロシア入国以降、当局の指示のまま歩んできた履歴のすべてを裏返しにされ、ひとつひとつが罪状に加えられていったのだった。なんとも理不尽な話ではないか。

そのことはさておき、この新保の恋愛事件と逮捕劇は在モスクワの日本人社会の間でも随分とショッキングな出来事と受け取られ、かつ好奇心も加わって当時居合わせた日本人のいくつかの著作に書き留められているところだ。ただ、いずれも名前を「神保」としている。「この日本娘（ママ）と神保君の家で会った。それは丁度千九百二十二年の春であった～僕は彼女を見た瞬間、どんなにかその美貌に驚いた」「彼（新保清）は姦通罪のためではなかったが、他の理由で捕らえられ、革命裁判所にまわされ二十年の懲役となった。そして現在、モスクワ郊外のブルテスカヤ監獄にいるのだが、既に三年過ぎた今日でも、日本娘は着物や

食物やその他の差入の世話をしているといふことを、僕は友人から聞いた」（和田軌一郎『若きソビエートと恋と放浪』昭和五年）

「神保清は革命後に独逸から飄然と、ロシアに放浪して来た十八九の青年で、最初はしばらく独探（ドイツ軍事探偵）の嫌疑で監獄に幽閉されていたが、取調の結果証拠不十分で釈放され、その後は陸軍大学の東洋部に務めていた。しかるに一週間ほど前に突然免職になり、また逮捕されていたのであった」「その理由はある陸軍大学の学生と共謀し、軍機の秘密地図を盗んで国外に逃亡する計画をたてていると、どうしたことか未然に暴露してしまったという噂である」（田口運蔵『赤い広場を横ぎる』昭和五年）

そうした波乱の人生の痕跡をかすかに残し、新保清は銃殺刑でもってこの世を去った。「純印度式カリー」で知られる東京・新宿中村屋を開き、のち文化人交流の場「中村屋サロン」をつくった相馬黒光女史は、かの久保田栄吉から聞いた話として自著『滴水録』に「この人（新保清）は刑場に引かれて行く時『お母さん』と大声で叫んだそうです」と書き留めている。また、久保田栄吉については、「ロシア語を習って」いた時代に顔見知りになった。「思想的にどうという人物でなく、ただ生まれつきの放浪癖と、そういう性情にぼうとしたロシアの風土や人情が合って好きなのでした」とスケッチしている。

その久保田だが、長いロシアの監獄生活から「奇跡的に虐殺の悲運だけは免れ」、辛うじて帰国を果たすと、獄中で交わした新保清との約束を守って北海道の実家を訪ね、知っている限りの「清物語」を涙のうちに伝えたのだった。

「新保清がロシアで活動したのは革命後の内戦からソ連成立（二二年一二月）への混乱期。共産党第十回大会の方針に基づき、二一年から二二年にかけて第一次粛清が実施された」「シベリア出兵を背景にロシア当局の日本人への警戒感は高まっており、組織の後ろ盾がない清や大庭がスパイと疑われ、いずれかが日本人粛清の第一号となった可能性は強い」（読売新聞社編『20世紀　どんな時代だったのか・革命編』）

「粛清」は「粛正」でない。物理的な排除を意味する。レーニン後のスターリン独裁時代に入ると、この「粛清の嵐」は頂点に達し、自国民ロシア人に対する弾圧は惨を極めた。そうしたソ連流の疑惑の目は在留外国人にも向けられ、逮捕、拷問、流刑、銃殺が相次いだ。日本人新保清と大庭柯公の死はそのハシリともいえるのだが、とくに一九三〇年（昭和五年）代に入ると、日本の満州進出、対ソ戦争準備との関わりで、さらに多くの在留日本人がスパイ容疑で悲惨な運命をたどっていっている。（ここらあたりについては一橋大学加藤哲郎教授の労作『モスクワで粛清された日本人』に詳しい）

「幻想のユートピアを求めた日本人たちに、もはや帰るべき祖国はなかった。自由にあこがれて越えた国境の向こうにも自由はなかった～国境を越えた男たちの夢はラーゲリ（強制収容所）の奴隷労働か銃殺をもって応えられた」（山辺健太郎『社会主義運動半生記』）

かつて新保清という若い元気印の北海道出身のヒコーキ野郎がいた。あたかも天空を飛翔するかのように生き急いだ。そして、皮肉にも、心ならずも反戦ビラづくりに協力したが故に、その名は、後世に伝わることとなった。

第九章　尼港副領事石田虎松

なぜ尼港だったか

ニコライエフスク（現ニコライエフスク・ナ・アムーレ）。当時の日本語名称・尼港（にこう）。そのありようについては第二章「風雲児島田元太郎」で紹介した。「太平洋に二大良港あり、一は黒龍江口のニコライウスク、一は浦潮斯徳」（東亜同文会『樺太及北沿海州』明治三十八年）。ただ、浦潮斯徳（ウラジオストク）が極東ロシア唯一の不凍港であるのに対し、尼港往来の黒龍江（アムール川）船舶交通は一年のうち約七ヵ月間にわたり結氷で杜絶する。陸路も深い積雪に阻まれ部隊の移動は不可能となる。

このことは、やがて過激派パルチザンの冬季攻勢によって包囲されたさい、日本軍守備隊にとって決定的に不利な条件となった。

救援部隊の到来は大幅に遅れ、守備隊と居留日本人合わせて七百余は孤立無援。全滅の運命をたどることになった。いわゆる尼港事件である。

大正七年（一九一八年）八月初め、連合諸国軍と共にシベリア出兵に踏み切った日本陸軍がウラジオに上陸したことは先に記した。一ヵ月後の九月九日、尼港にも海路によって日本海軍陸戦隊の一隊が上陸している。続いて陸軍部隊も上陸。

事件時、宇都宮第十四師団歩兵第二連隊第三大隊（石川正雅大隊長、陸軍少佐）三百三十名と海軍無線電信隊四十名（石川光儀隊長、海軍少佐）が駐屯していた。ほかに情報担当の海軍軍令部三宅駸五少佐が領事館にいた。

連合諸国軍によるシベリア出兵の最大目的はロシア領内に残留のチェコスロバキア軍の救出にあった。シベリア鉄道によって東上するチェコ軍援護のため、諸国軍は鉄道線沿いに布陣した。

そうしたなかで、日本軍が一連の救出作戦とは無関係とおもわれる遠隔地・尼港にも部隊を派遣したことについて、日本政府は「居留邦人保護」を強調した。第二章「風雲児島田元太郎」でも記したが、ここは北洋漁業最大の漁港。居留邦人は約四百を数え、ウラジオに次ぐにぎわいをみせていた。領事館が置かれていたほどだったが、他諸国にはこうした自国民の集団居住地域はなく、その保護措置など必要がなかったのだった。

軍事面からみても尼港にこだわらざるを得ない事情があった。季節限定とはいえ、アムール川とその支流を通じてシベリア内陸部と直接往来できる唯一の港だったことがある。「もし他国の為に領せられるときは全く日本海の咽喉を扼せられ、援兵糧道の便なく」（稲垣満次郎『西比利亜鉄道論』明治二十四年）。上陸した日本軍は干上がってしまうであろう。

このことは、先の日露戦争で戦艦「三笠」を先頭とする日本艦隊がロシア・バルチック艦隊の撃滅に心胆を砕いたことからも分かる。万が一、バルチック艦隊が極東の旅順港やウラジオ港を根城とする太平洋艦隊（旧東洋艦隊）と合流するとなると、日本海は制海権をにぎったロシア軍艦の浴槽と化すであろう。大陸に展開した日本軍への「援兵糧食の便」はたちどころに絶たれる。そんな懸念、危惧の念があったからだった。逆にここを押さえれば、相手の脱出路を絶つことにもなる。

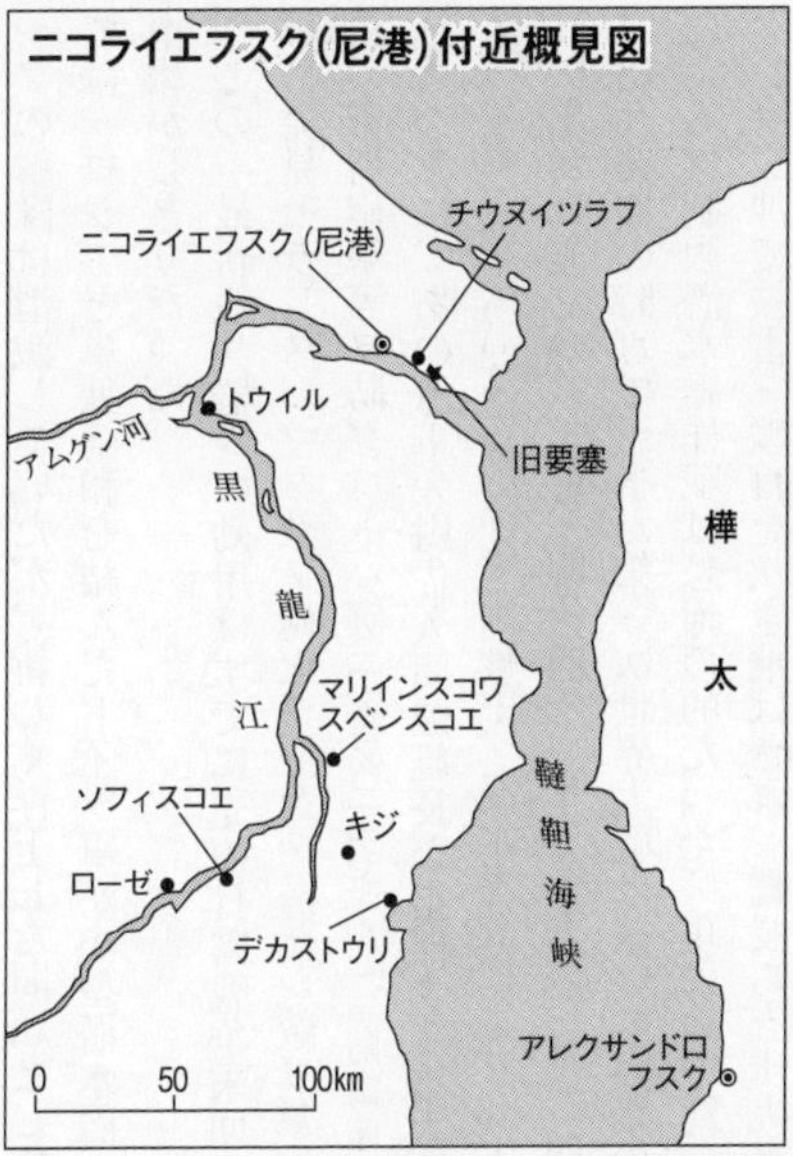

ニコライエフスク（尼港）付近概見図

――『西伯利出兵史要』掲載図より作成

こうした軍事的観点は、シベリア出兵の時点でも、原理原則において変わりはなかった。まして連合諸国軍の中でも飛び抜けて多くの兵力を上陸させてもいるのだ。

それというのも、すでにロ

シアの艦隊は消滅していたが、新しく浮上した問題として潜水艦対策があった。出兵に際しては、ロシアと単独講和を結んだドイツ軍が小型潜水艦（潜水艇）を極東に送り込むという情報がしきりだった。

この「最新鋭兵器」の効用はすでに先の日露戦争末期から語られていた。「昼夜ノ別ナク敵ニ発見セラレズ、マタ敵ノ砲火ヲ避ケテ潜航シ敵ヲ撃沈スル場合ニ使ヘ」「（敵の）港湾封鎖、市街砲撃等ヲ防グコトハ実ニ容易ニデキル」（防衛庁戦史室戦史叢書『潜水艦史』）

ちなみに、あの海軍大尉佐久間勉艇長が指揮する第六号潜水艇（排水量五十七トン。国産第一号艇）が広島湾岩国沖で訓練中、浸水事故により部下十三名と共に海没したのは、シベリア出兵に先立つ八年前、明治四十三年（一九一〇年）四月のことだった。

出兵初期の時点で、まだ第一次世界大戦は続いていたのだが、ドイツ・オーストリア海軍による無制限潜水艦作戦は恐怖の的だった。現に地中海に遠征した日本海軍駆逐艦「榊」は、クレタ島沖で被雷。艦首を吹き飛ばされ、艦長ら五十九名が戦死した。また日本郵船の民間船「八阪丸」「宮崎丸」「平野丸」も雷撃により沈没している。

これに関して出兵直前、シベリアに潜入した「諜報員石光真清」の長男、石光真人は次のように語っている。（池島信平編『歴史よもやま話日本編下』）

「父が参謀本部から命ぜられたのは、とくに潜水艦ですね。当時は潜水艇〜これをとくに警戒して調べろ、という命令がきています」「そういうこともあって、（軍は）黒龍江の河口のニコライエフスクなどという、辺陬（へんすう）の地を押さえたのですね」

居留民保護

ただ、こうした軍の動きについて、尼港居留民会の初代会長島田元太郎は「三百位の少数兵の駐在はかえって居留民のために危険」（三木麟編『尼港虐殺パルチザンと原内閣』大正九年）、あるいは「三百位の守備隊では却って尼港を危ふからしめるものだ。全然無にするか、もしくは増兵である」（湘南外史『欧州各国戦跡めぐり』同）と語っている。

駐屯将兵の間にも不安の念が広がっていたことは、事件発生の前年、間もなく冬の季節に入ろうかという大正八年九月十六日付で実家あてに出した手紙からもうかがえる。

「（住民）人心の動揺して居る際、一度でも過激派が入込み扇動したらんか、それこそ乾きたる薪に火を放ちたるが如く、たちまちの内に良民は変じて過激派に加担せん事火を見るより明らかなるものに御座候。万一其の如き事現出されんか、我々少数の日本軍隊及び在留民は実に風前の灯とも称すべく、誠に心細き感なきにしもあらずに御座候」「海軍二等兵曹佐々木松（鳥取）」（溝口白羊『国辱記』「遺書の中より」から。大正九年）

あるいは同じ便で、山形県西村山郡本郷村出身の高取福太郎海軍三等機関兵曹は父親あて「我戦死後に開けるべし」と表書きした小包を送っている。郵便貯金通帳と「恩賜の煙草五本」に手紙が添えられていた。手紙の書き出しは「今年冬営中、必ず変事あると判定し、これを遺書とす」というものだった。（高山貞三郎『アムールの流血』大正九年）

尼港領事館の石田虎松副領事もまた、「外務大臣ニ対シ陸戦隊派遣ノ意見具申」し、現地の危機感を訴えていた。石田副領事は、領事が未任命で空席だったため、事実上、領事館の総責任者の立場にあった（死後、領事に昇格）。なお帝政ロシア崩壊後も領事館が存在していたことについて、日本政府は、事態は依然流動的とみる立場から「旧露国存続論」を主張。「ソビエト領への出兵も当然に対ソ戦争を意味するものでない」（小林幸男『日ソ政治外交史』）とし、国交断絶ではないから領事業務は従来通りとの見解を示していた。

一方、居留民たちも「事態が切迫しつつある」ことを肌で感じていた。「シベリアは人さまの国じゃから、日本軍が占拠すれば反感の起こっとも無理はなか。今年の冬が危なかて、在留邦人たちゃ、ひそひそ話しよるごたる」（『天草海外発展史下巻』）

石田副領事には居留民保護に関して苦い記憶があった。

シベリア出兵の時点からさかのぼる十四年前、日露開戦直前の明治三十七年（一九〇四年）初頭、ウラジオの日本貿易事務館（日露戦後、総領事館に昇格）に勤務していた。代表の貿易事務官は川上俊彦（かわかみとしつね）。旅順郊外における乃木・ステッセル会談の通訳を務め、ハルビン駅頭における伊藤博文暗殺事件では暗殺者による銃撃のトバっちりをくって重傷を負った。のちシベリア出兵の後始末問題で新政権革命政府代表ヨッフェと渡り合うことになる大物外交官である。

そのウラジオ貿易事務館時代だが、川上事務官は日露間の風雲急とあって居留民引き揚げに腐心している。なにしろ広いシベリアに点在しているとあって、情報伝達はじめ、引き揚げ手段やルートの確保に手間がかかる。一方、当時帝政ロシアのウラジオ軍務知事は「日本は露国に対して敵対行動をとるが如き暴挙に出ないであろう」と、きわめて鷹揚、かつインギン無礼だった。たとえ戦さになったとしてもロシア軍の大勝利は疑う余地はない。「余が（占領地の）日本国北海道長官として赴任することにもなろう」。そのときは「貴官（川上）は幸い露語に堪能」、だから面倒みてやるよ、なんて言いたい放題。われらが誇り高き川上先生をカリカリさせている。（西原民平編『川上俊彦君を憶ふ』昭和十一年）

若手だった石田館員は、その間、駈けずり回っていた。だが、奥地居住の人たちは最終引揚船に間に合わなかった。このとき立ち上がった浦潮本願寺（通称）の僧侶太田覚眠の奮闘は語り草となっている。引き止める川上事務官や石田館員らの手を振り切って、一人居残り。小さな仏像を背負い、多くの迫害、苦難に耐え、後続組の総勢八百二十六人をまとめ、ついに全員救出に成功したのだった。（太田『露西亜物語』大正十四年）

太田覚眠

太田覚眠（一八六六〜一九四四）。三重県四日市の出身。奥地に立ち往生している居留民たちと合流しつつ、汽車、ソリ、汽船、河蒸気船等により、シベリアからウラル山脈を越えてヨーロッパ・ロシアを横断。ドイツに出て汽船に乗り、長崎港に安着している。途中、各地各国の人たちの善意に支えられ、とくに在露米国大使館による陰からの密かな援助があったとはいえ、すさまじいばかりの気力であり、気概である。十ヵ月がかりの脱出行であった。

うごめくパルチザン

その脱出組の中には尼港居住者二百七十七人もいた。

やはり氷雪に阻まれて引揚船の出港に間に合わなかったのだった。一方、「尼港の帝王」島田元太郎は日本内地に滞在中で無事だったのだが、これら脱出組の大半は日露戦争が終わると、島田ともども再び尼港に戻っている。大正六年（一九一七年）尼港領事館勤務となり、翌七年副領事に昇格した石田虎松は、こうした脱出組や島田元太郎らとよく往時を回顧していたといわれる。居留民保護の難しさも大きな話題だったに違いない。

だが、「長い冬の夜」の団らんのひと時も束の間——。革命支持派軍VS反革命派軍の国内戦はいよいよ激しさを増し、その余波はここ極東の地にも及びはじめ、周辺は騒然となってきている。「社会ノ治安秩序紊乱ノ極ニ達シ」「無智ノ農民兵卒労働者ハ其主義ノ何タルヲ解スル暇ナクシテ時ノ勝者ニ與ミセントスル自然ノ趨勢」（『西伯利出兵憲兵史』）

大勢はそうした「無智」な民衆たちを味方につけた革命支持派軍の有利に展開しつつあった。ここらへん、第五章「アタマン・セミヨノフ」の反革命派軍セミヨノフ将軍は『自伝』の中で盛んにボヤいているところだ。

「我々は人民をだましたくなかったので、敵（革命支持派軍）が惜し気もなく振りまいているようなオイシイ公約はできなかった」「農民達は～農地改革を即時着手してくれることを期待していたが～国内戦が終結を見るまではとその着手を延引するのが常であった。ボルシエビキ（革命政府）は、これを格好の口実にして、農民を扇動したり、地主が帰ってくるといって農民の恐怖心をあおったりした」

かくして革命支持派軍＝過激派軍は次第に勢力を増していっている。連合諸国軍との正面衝突を避け、小部隊に分かれ、農村地帯やタイガ（密林帯）を根拠地とし、いわゆるパルチザン（遊撃隊）となってゲリラ戦法に移行。連合諸国軍を悩ませ続けた。

たとえば、大正八年（一九一九年）十二月十四日付大阪朝日新聞は報じている。

「黒龍江鉄道は第十二師団占領の当初小康を保ち居たりしが、今年の二月頃より漸次過軍（過激派軍）の為に被害をこうむり、月を経ると共に其の程度を増し、八月以降、俄然増加して橋梁の破壊のみにても八月百四十二箇所、九月百十四箇所、十月百九十箇所。一月以降累計五百四十箇所（この累計数は黒龍線にある全橋梁の約半数なり）」

かの「シベリアお菊」が諜報員として動いていたのはこの時期であり、第六章「社会主義中尉長山直厚」で記した田中支隊全滅もこのころの痛切な出来事でもあった。なお、いま引用記述した過激派軍による鉄道破壊工作のうち、橋梁破壊についてだが、かくも橋梁がたやすく壊されていったのは、当時シベリア鉄道の橋梁のほとんどが木造だったことによる。日露戦争突入前、帝政ロシア当局が満州の戦場に一兵でも多く送るべく工事を急がせ、戦争が終わっても革命騒ぎで改造工事が全く進んでいなかったのだった。

尼港事件序幕

石田副領事は現石川県小松市の出身。明治七年（一八七四年）生まれ。金沢市の中学校を二年で退学し、東京正教神学校（ニコライ教会）の公費生としてロシア語を学んだ。さらに苦学しながらロシア語の勉強を続け、明治三十一年（一八九八年）年、外務省留学生試験に合格。「一日一食」で頑張ったというナミダの敢闘記が伝わっている。

「苦労が出来ているだけに一般の人の受けも良く、居留民の間にも非常に信望を博していた」（『国辱記』）。外交手腕も確かだった。「我海軍陸戦隊が尼港を占領した当時、領事の露人に対する折衝はすこぶる時宜に適した処置があって〜一発の弾丸をも発せず流血の惨事を見ず」（『アムールの流血』）

石田副領事（当時四十七歳）には三人の子どもがあった。事件時、学校教育のため東京の実家に預けられていた長女芳子（十歳）を除き、副領事自身と妻（三十四歳）、次女（七つ）、長男（三つ）の一家四人が尼港で暮らしていた。

ただ、これがそのすべてというわけではないのだが、日本人居留民のありように関してはいささか問題がないでもなかった。そのいくつか——。

日本内地にいて危うく難を逃れた長女芳子は、事件のあと、「憎いにくいパルチザン　狼の様なパルチザン　敵を討つて下さいな」で始まる手記（詩）を書いている。多分に大人の手が加わったものであろうが、その中の一節に「お国の人は誰も彼も　親類兄弟同様に　互に行ったり来たりして　仲よく暮して居りました　日本から来たのなら一疋（匹）の　犬でもみんなで可愛がり」とあった。これを七五調の『尼港のいけにえ・涙の手記』にして歌ったのが時の演歌師添田唖蝉坊。その添田は「日本から来たのなら一疋の犬でも」の箇所を指し、「これがいけないのだ」と言っていたそうだ。（添田知道『演歌の明治大正史』）

「同胞愛がとかく偏狭し、外に融けこむことをさせなくする、それが敵を招くことになる」

あるいは、事件後、救援部隊に同行して尼港入りした日刊山形新聞の高島米吉記者は書いている。「過ぐる大正七年九月、日本海軍が尼港をはじめて占領した。同日、赤旗その他市内の関係書類を没収し、領事館倉庫に押収した。その夜、提灯行列をやったが在留の他国人の反感を買った」（高島米吉・高島真『シベリア出兵従軍記』）

ここらあたり、優れて今日的問題ともいえようか。つい

ニコライエフスクの石田虎松副領事一家。長女（右）だけが難を免れた。長男誕生前の撮影とみられる（石田家提供）

でだが、シベリア出征兵の現地人観の一端を物語るものとして、同書には次のような記述もみられる。

「市有桟橋に停泊中の（救援部隊）某艦の海軍下士連が、四名ばかり（落花生売り）店頭にやってきた。右腕に赤い善行章を三本付けた小髭の下士が、落花生の入った箱に突然手を突っ込んで支那人（店主）に咎められた。海軍下士は『何お』という言葉付きで、手厳しくその支那人を叱り飛ばし、二掴みばかりの落花生をポケットに入れて悠々と引き揚げた」「あたりにいた朝鮮人や支那人、ロシア人たちは驚いてこれを見ていた。おかしな真似をする海軍の兵隊さんだ。わずか一掴み二掴みの分捕り品で何が得意なのだろう〜このお手本は、いいお手本か悪いお手本か知らないが、支那人や朝鮮人から憎まれる手段として、これに越したことはない。三本の善行章はどんなことを仕出かして頂戴したのだろう」

尼港騒然

それでは、この副領事一家、駐屯将兵総員、そして居留民たち全員が悲惨な運命を迎えるに至った尼港事件とは、どんなものであったのか。

非運の歩兵第二連隊第三大隊の出身地である茨城県の『県史』『水戸市史』や参謀本部編『西伯利出兵史』（復刻版中巻。以下『出兵史』）などを参考にまとめてみると——。

そのころシベリアにおける政治軍事情勢は、大きな変化をみせていた。

第五章「アタマン・セミヨノフ」に登場のコルチャク提督の反革命オムスク政府は革命支持派軍、パルチザンに押しまくられ、ついに崩壊。提督は銃殺された（やがて極東共和国誕生）。一方、チェコ軍救出作戦そのものは成功のうちに終了。所期目的を果たしたとして連合諸国軍は一斉撤退に移っていた。そうしたなか、ただ日本軍だけは当初の最大目的である「居留民保護」のほか、さらに「満州朝鮮への赤化防止」を旗印に加えて駐屯を続行。沿海州の革命派軍や抗日朝鮮人に対する容赦のない武力弾圧、武装解除作戦に出ていた。

そうこうするなか、大正八年（一九一九年）末、ついに尼港周辺では、かねて懸念されていた日本軍守備隊と北上して来たパルチザン側とが戦闘状態に入っている。当時の尼港人口はいずれも概数でロシア人八千七百、朝鮮人九百、中国人二千三百。一方の日本人居留民は四百、日本軍人三百七十の計七百七十余と反革命派軍ロシア兵三百。これ対し、尼港を包囲したパルチザンの勢力は「四千」といわれた。

「『パ』隊は～沿道の村落、部落に到着する度に～住民等の所持せる銃器及び貯蓄の穀類、麦粉、衣類等一切の物件を徴発」「増員の為に支那労働者、きこり、及び坑夫等を雇用し～付近の村落住民に対し、十六歳乃至五十五歳まで総動員令を布告せり、為に、或は威嚇し、或は後日の報酬を約し……」（石附省吾編『灰燼の尼港』大正十二年）

翌大正九年正月の尼港のマチは「厳冬吹雪」で明けた。

一月十日前後、情勢は一段と緊迫の度を加えた。周辺の「村落ハ悉クパ軍（パルチザン軍）ノ勢力下ニ帰シ、ニコライエフスクノ人心ソノ極ニ達シ～形勢険悪」（『出兵史』）

前年末から新年初頭にかけてのオムスク政府崩壊で住民たちは動揺していた。そんな具合だったから、一月半ばの小競り合いで守備隊側の反革命派軍ロシア兵はたちまち戦意喪失。兵士や将校の多くが「四散逃亡」し、大半がパルチザン陣営に走った。（残った幹部将校の何人かは、のち、「日本軍の協力援助を感謝しつつ」自決の道を選択している）

一月二十四日、パルチザン陣営からの「使者」が日本軍陣地にやって来た。「和平協議」の提案だった。だが、石川正雅守備隊長は身柄を拘束。残存していた反革命派軍ロシア兵に引き渡した。ロシア兵たちはこれをリンチ、殺害。（憎悪の余りとみられるのだが、この使者殺害はのち問題となり、革命支持派軍による格好の反日キャンペーン材料となった）

石川隊長が使者を無視したのはパルチザン勢を「強盗団体ト目シテ」いたことによる。「農民党の一揆のようなもの」「馬賊の類」と記した資料もあり、当時の日本軍のパルチザン観がうかがえる。ちなみに石川隊長（福島県）は先の日露戦争に陸軍中尉として従軍。功績により金鵄勲章を授与された「古武士の風格」を持つ軍人だったと伝えられる。

二月五日、前進基地のチヌイラフ砲台要塞と海軍無線電信所をめぐって激しい攻防戦が行なわれた。多勢に無勢の守備隊は支えきれず、ついに尼港市内に後退した。

この二ヵ所の重要拠点を奪取されたのは痛かった。

守備隊は外部とのすべての連絡手段を失い、尼港は完全に孤立することとなった。要塞の砲台は、守備隊駐屯のさい、発火装置の「閉鎖機」が廃棄されていたため砲撃不能。無用の長物視されていたものだった。

日本軍尼港守備隊を悩ませたチヌイラフ要塞の大砲（『西伯利出兵史要』より）

ところが、パルチザン側に投降した反革命派軍ロシア兵の中に捨て場所（隠匿説も）を知る元砲兵がいて、おそらくは命惜しさに御注進に及んだものだから、砲台はたちまち息を吹き返してしまった。

降雪。強風。パルチザンが撃ち出す砲声はインインと尼港市街に響き渡り、孤立した市中で息を潜めて過ごす人々の不安をいやがうえにも募らせている。

一方、尼港守備隊と連絡が途絶えたことから、軍中央部は、旭川第七師団の将兵で編成した救援部隊を小樽港に集結させたのだが、凍結した海面が前途を阻み、出港できずにいた。

なお、それ以前の問題として、現地からのたび重なる増援要請に適確に対応し得なかった軍中央部のありようは、のち国会で大きな問題となっている。

パルチザン勝手次第

先の「和平協議」に関してパルチザン側は巧妙な手を使った。

尼港守備隊の上級機関である第二十七旅団（在ハバロフスク）は連絡途絶の尼港守備隊の置かれた状況を知りたいのだが、それにはパルチザン側無線電信の中継に頼るしかない。パルチザン側はその有利な立場を利用した。師団司令部に持ちかけ、尼港における「和平協議」を認めさせ、守備隊あて「戦闘中止」の命令を出させている。

「ハバロフスクの旅団長は情勢を心配してみるものの調査の方法はない。幸いハバロフスクにある過激派軍とは問題を生じていなかったところから電信の取次ぎを依頼した～ロシア文に直してからでなければ駄目だという」「ここで日本軍のすべてを敵の知るところとなって敵に逆用されてゆく。局地的のパルチザンでも関連ないはずはない。敵方に伝言を頼む、という奇妙なことになってしまった」（石塚経二『アムールのささやき』）

相手任せだから中継の過程でニセ情報、ガセネタをつかませられたとしても、司令部、守備隊ともども、チェックする術がない。果たして――。のち戦闘状態となり、日本軍守備隊のしぶとい抵抗に手を焼いたパルチザン側はこんな行為に出ている。

和平協議の過程で入手していた「戦闘中止ニ関スル電報」の操作だった。

「我軍（日本軍司令部）が要求する詳細の（現地）情況報告、秘密命令の伝達を避くる為に常に露文を採用せしめ」（陸軍少将菅原佐賀衛『西伯利出兵史要』大正十四年）「中止ニ関スル電報ヲ利用シ巧ニ之ヲ改作シテ（守備隊幕僚の）河本中尉ニ致シ遂ニ同官以下ヲ欺瞞シ此悪計残虐ヲ行フニ至リシモノナリ」（『出兵史』）

さて、話は戻って、二月二十八日。ともかくも守備隊は師団司令部の「交戦は避けよ」の方針伝達を重く受け止めて「和議」成立。二十九日、パルチザン勢は尼港市内に入った。「市民ハ赤旗ヲ翻シテ之ヲ歓迎ス、過激派軍（パルチザン）中ニハ多数ノ支那人（中国人）及朝鮮人ヲミタリ」（陸軍省海軍省『尼港事件の顚末』大正九年）

日本軍守備隊は、武装はそのままで、「内政不干渉」の見地から市中治安取り締まりは相手に任せ、領事館護衛と居留民保護に専心することになった。

そうしたなか、さっそくというか、パルチザン勢は「勝手次第」の所業に出ている。ある程度予期されたこととはいえ、在住ロシア人の旧軍人、官吏、実業家ら旧体制につながりがあった「反革命分子」と家族は片端から逮捕されて投獄され、多くが即決裁判で死刑となった。例の使者殺害問題も厳しく追及された。混乱に乗じたパルチザン兵や暴漢グループらによる市中での乱暴、略奪行為が相次ぎ、市民たちをおびえさせた。

じっと我慢の石川隊長と石田副領事だったが、たまらず、パルチザン側に対し、「市中の安寧秩序保持」の協定違反として厳重抗議している。だが、かえって「内政干渉」とすごまれ、あげく、三月十一日、日本軍保有の武器弾薬引き渡しを「翌十二日の期限付き」で要求されるに至った。いや引き渡しでなく、一時借用、あるいは貸与要請だったなどと、細目にこだわる研究資料がうるさいのだが、つまるところは「武装解除」の強要であった。期限の十二日はロシア革命記念日。この日を期してパルチザン側が日本軍を攻撃するといった噂もまたしきりだった。石川隊長は決意している。このままではジリ貧だ。

かくて三月十二日午前二時、一斉蜂起——。未明の奇襲作戦だった。

暁の奇襲作戦

この奇襲作戦については、これまた研究資料のいくつかが「協定破り」「ルール違反」「背信行為」などと日本軍側の出方を問題視しているのだが、どうだろう。

「協定違反」といっても、相手はすでに「略奪強盗勝手次第」（『西伯利出兵史要』）、やりたい放題なのである。「背信行為」といっても、味方は孤立無援。おまけに多勢に無勢の圧倒的兵力差なのである。そうしたぎりぎりの絶対窮地にあるなか、「居留民保護」を至上命令とする守備隊はどうあるべきか。「協定違反」云々をいう前に、まずは、いかに居留民の安全確保を図るかが、石川隊長ら隊幹部連の頭に浮かんだ大きな命題だったに相違ない。

このまま、耐えに耐え、なんとか交渉を引き延ばして春を待てば、救援部隊の到来も期待できよう。だが、そんなことは相手側は百も承知。いま、玄関先であぐらをかき、「どうする、どうする」。高飛車の出方なのだ。要求されるまま武装解除に応じれば、投降日本軍人に対する処遇には過酷なものがあろう。居留民の生命が安泰であるならば、それも甘んじよう。だが、そうした保証は全くないのだ。むしろ否定的な見方が強い。

見渡せば、「過激派軍（パルチザン）は～掠奪をほしいままにし、支那人、朝鮮人並びに無頼の徒を糾合して軍隊となし益々其勢力を張り」（『西伯利出兵史要』）、事態は険しくなる一方なのだ。とくに中国人、朝鮮人の出方が気にかかる。もういちど敵勢力をカウントすれば、パルチザン総兵力は「四千」。うち朝鮮人隊は五百、支那人隊三百の総計八百。総勢の五分の一を占めていた。かなりの兵力である。

彼らの中には、満州やシベリア沿海州あたりで日本軍による厳しい武力弾圧を受け、脱出してここまで流れ着いた者もいるだろうし、そうした自国民族に加えられた「暴虐」のニュースを耳にして「排日」「反日」の念を固めた者もいるにちがいなかった。

のちの話になるが、やはりこの懸念は当たっていた。

戦闘で一時後退を強いられた将兵たちが港で冬営中の中国海軍砲艦に向かって避退を図ったところ、艦から一斉に銃撃を浴びせられ多くが倒れていっている。事件前、情報担当の三宅少佐が訪艦してその意志を確かめようとしたのだが、あいまいな態度に終始していた（大山梓『日本外交史話』）。のち日本政府はこの銃撃事件に関して中国側の責任を厳しく追及している。一方の朝鮮人関連にしても、高島『シベリア出兵従軍記』によれば、やはり、「鮮人のなかには赤衛軍（ここではパルチザン軍）に内通する者が多く、支鮮人で日本商店の店員や雇い人だった者は、尼港事件に際して～屋内地下室などに隠れた家人（日本人）や隠した財宝を、赤衛軍に手引きした」のだった。

とくにこの朝鮮人問題に関しては、第七章「パルチザン佐藤三千夫」でほんのちょっぴりだが紹介済みの和田春樹東大名誉教授は次のような見解を示している。

「市内に入ったトリャピーツィン（トリアピーチン。指導者）のパルチザン部隊はその朝鮮人を武装させた。パルチザンの入市後十二日にして、日本軍が何故背信的にトリャピーツィン軍を攻撃したのか。朝鮮人を見下し、抑圧していた日本人が武装した朝鮮人に恐怖を感じたことが動機の一つをなしているのではなかろうか」（「シベリア戦争史研究の諸問題」ロシア史研究会『ロシア史研究』二十号所載）

そんなこんな、さまざまな情報を吟味し、懸念される問題あれこれを計りにかけ、ついに石川隊長は決断するに至った。「捕虜は武人の恥」といった思いもあったのだろうか。

その前夜、石川隊長はパルチザン陣営本部を訪れ（一説では石田副領事も同行）、これまでの交渉で顔見知りとなっていた相手幹部連中を相手に大いに飲んでいる。「石川大隊長が過激派本部を訪問し痛飲」（『シベリア出兵従軍記』）。数時間後には守備隊「のるかそるか」の奇襲作戦決行である――。だが、あにはからんや。実質的な奇襲作戦は、この石川隊長苦心の奇策、「痛飲」劇で開幕していたのだった。

奮戦空しく

三月十二日午前一時三十分、守備隊の将兵は四手に分かれ、遠い敵目標に向かう隊から順々に守備隊本部を忍び出ている。月明。無風。吐く息が白かった。

午前二時、一斉に銃声がはじけた。パルチザン側は不意を打たれた格好となり、一時は日本軍優勢かとおもわれた。指導者トリヤピーチンは宿舎で撃たれ左足を負傷。地下室に逃げ、辛うじて助かった。幕僚数人が倒された。が、それまでだった。日本軍に大砲なく、相手が立てこもる建物を破壊できなかった。その建物から撃ち下ろす敵の集中射撃に味方は次々と倒れていっている。

「我兵殊死奮戦屡壮烈勇敢ナル突撃ヲ決行セシモ周囲ノ家屋ハ已ニ悉ク敵ノ占領スル所トナリ為ニ暴露セル我兵ハ忽ニシテ死傷続出」（『出兵史』）

機関銃四梃と小銃が頼りの市街戦には無理があったのだった。それでこその奇襲作戦だったのだが、電話連絡で情報を取り合って態勢を立て直したパルチザン側の逆襲を許すことになった。日本軍は各個で撃破され、夜が明けるころ、ついに拠点とする島田商会、そして領事館からも火の手があがった。石川隊長はじめ、多くの幹部将校も倒れていった。

「敵ノ抵抗頑強ニシテ我攻撃進捗セサルニ反シ敵ハ漸次兵力ヲ増加シ我ヲ包囲シテ猛火ヲ注キ我死傷者続出シ頗ル苦戦ノ情況ニ陥リシヲ以テ遂ニ攻撃ヲ断念シテ領事館ニ帰リシモ敵兵忽チ領事館ヲ包囲シテ猛烈ニ攻撃シ来リ」（同）

市中に取り残されたかたちの一隊は「突撃ニ次ク突撃ヲ以テシ遂ニ一条ノ血路ヲ開キテ突進シ市有桟橋付近ニ達」している。指揮官はじめ幹部将校、下士官らことごとく倒れ、兵のみ三十名足らずに減っていた。そこへ「突如無名島付近ニ在リシ支那軍艦ヨリ猛射」が加えられている。支那（中国）は「中立」の立場と思い込んでいた兵たちは「怒髪天ヲ衝キ直ニ氷上ヲ奮進シテ支那軍艦ニ向ヒ突撃」したのだが、ついに空しく。「無限ノ怨ヲ呑ンテ悉ク黒龍江氷上ニ横ハリ壮烈ナル戦死ヲ遂ゲ」たのだった。

こうした一連の戦闘経過については、守備隊本部勤務だった電信隊陸軍工兵香田昌三一等卒（一等兵　佐賀県）が書き遺した「香月昌三手記」により、多くの事実が明らかになっている。香川一等卒は中隊兵舎に立てこもって抵抗を続けた河本隊に合流、最後まで戦っていた。やがて師団司令部からの「戦闘中止」命令を受けて投降したのだが、獄中、密かに記憶を頼りにメモを作成。獄舎暖房装置のペチカ煙突のレンガ一個をはずして内部に隠し、元に戻していた。そのレンガ表面に日本語で目印をつけていたことから、救援部隊が気づくところとなっている。

この香月手記はチヌイラフ砲台が攻撃を受けた日の一月二十九日から始まっているのだが、当時の新聞各紙をみると、守備隊が一斉蜂起するに至ったパルチザン側の出方について次のように報じている。

「赤衛軍（パルチザン軍）参謀長は派遣隊（守備隊）本部に来り、武器弾薬の借受を申込み、その返電を三月十二日正午までなすべきこと。及び、武力に訴ふるも借り受くる旨申越す。依て派遣隊長は決死戦闘の止むなきを以て十二日午前二時を期し敵本部及び兵舎を襲う旨各隊長に連絡す」と。やはり相手は武力行使さえちらつかせていたのだ。

そして、守備隊の最後の模様については——。

「三月十六日晴。敵は早朝より三方面より数門の砲を以て猛烈に砲撃す」「十七日晴。午後五時、河村通訳（凍傷で入院中、捕虜に）軍使として哈府（ハバロフスク）旅団長及び杉野領事より両軍司令部に宛てたる戦闘中止勧告の電報を携え来り。その返答を（明日）午前九時までになすべき旨伝ふ」「十八日晴。分隊長（河本中尉）より我軍は武装解除の止むなきに至る。兵卒一般に伝ふ。午前十時、武器弾薬を赤衛隊に渡し民兵兵舎に移る」

手記はここで終わっているのだが、このとき「民兵兵舎」に収用されたのは「百四十名」（『国辱記』）を数えた。このうち、居留民は男女合わせて十三名とされる。

領事館炎上

いったんは成功するかにみえた奇襲作戦があえなく失敗に終わったことについて、のち政府調査団に加わり尼港の地に立った言語学者八杉貞利（ロシア語研究）は、情報源は明らかでないが、奇襲失敗の「主なる原因」を次のように書きつけている。

「（足を負傷した指導者トリヤピーチンが逃げ込んだ）地下室に気付かざりしこと。先づ電話を切断するを忘れたること。監獄より白衛軍（反革命派軍）を救い出すに成功せざりしこと」（『八杉貞利日記ろしあ路』）

また、一国を代表する出先行政機関が攻撃の的となったことに関し、のち正式な論議があったかどうか。公的資料は見当たらないが、こんな記述があるところだ。「石田（副）領事は応接間の窓より姿を見せ、大声で『私は国際法によって治外法権を保証されている者である』とロシア語で叫んだ」「怒り狂ったパ軍（パルチザン軍）に国際法などは通用しなかった」（『アムールの流血』）

かくて、燃え上がる領事館の館内で、もはやこれまでと、石田副領事一家は自決した。領事館付の三宅情報将校も運命を共にした。

石田副領事は領事館炎上の前、館内に逃げ込んできていた隣家のロシア人に対し、「領事館も今宵一夜。我々と一緒に死んではいけない」と退去を勧め、脱出のさいには流れ弾に当たらぬよう、日本兵の射撃を一時停止させている。また、これも避難してきたロシア人一家にも脱出をうながし、「もし、後日、日本軍救援隊に会ったら、『我々は最後まで最善の努力を尽した、敵本部襲撃で首領トリヤビーチンを取り逃がしたことは返すがえすも残念なことだった、と伝えてほしい』との伝言を託している。（同）

この『アムールの流血』の筆者高山貞三郎は当時海軍少佐。前尼港海軍無線電信隊長で、自決した三宅少佐とは海軍兵学校三十四期の同期生であり、しかも事件発生の五ヵ月前、赴任してきた三宅少佐と入れ違うように尼港を離れていた。このため、事件をとても他人事とは思えず、発生四ヵ月後、無理して夏期休暇を取り、尼港に駆けつけている。

そして、かつて指揮した無線電信隊が全滅していった領事館焼け跡に立ったさい、焼け焦げた軍服のボタンをいくつか拾い、涙している。ボタンは夏用水兵服のものだった。あの旧部下たちは、まだ雪模様の尼港市街戦で敵の目をくらまそうと、健気にも寒さのなか、「保護色」となる白い夏服に着替えて戦っていたのだ。石田副領事がいう「最善の努力」とはこんなことでもあったのか。高山少佐は、長い間、涙と共に頭を垂れている。

ところで、前項で「民兵兵舎」に入れられた居留民の数を「十三名」と記した。内訳は「男六、女七」。これらの人たちは生き残り将兵と共に「翌十九日ニ至リ露国監獄ニ移サレテ衣袴及靴ヲ脱去セラルル」とある。随分と少ない人数である。

事件前、日本人居留民は「四百」といわれた。それが「十三名」までに減ったというのであろうか。先の陸軍省海軍省『尼港事件の顛末』の別添資料『尼港惨劇の記』（筆者名は伏せてある）によれば、いざ奇襲作戦の実行に当たって、指揮官石川隊長は次のような方針を部下に指示し、居留民にも伝えていたことがあった。

「居留民ヲ一地ニ集ムルコトハ却テ累ヲ及ボスニ至ルベク且ツ我ガ企画ノ秘密シ難キヲ以テ各自ノ家ニ在ラシムル事」

居留民は、たとえ何事が起きようとも「各自の家」に留まっていてもらいたいという要請だった。そうした方が、居留民は軍とは一線を画していたと受け取られるだろうし、守備隊側としても居留民が動くことによって奇襲作戦を感づかれるのを防ぐことができる。

この要請により、戦闘中、多くの居留民が「各自ノ家」でじっと息をこらしていたものとおもわれる。先述のように尼港市街に入ってきたパルチザン「勝手次第」の振る舞いにより、市内の治安は大いに乱れた。しかし、その時点においては、日本人居留民は直接乱暴の対象になっていなかった。それが、たとえ不安の極にあったにせよ、大多数が最後まで市中の自宅に残っていた要因でもあったろうか。

だが、事態は急展開をみせる。

「敵ハ我夜襲の大部ヲ撃退スルヤ直ニ市内ノ我居留民ヲ襲ヒ老若ヲ問ハス虐殺シテ其財貨ヲ奪ヒ〜凶悪残忍実ニ言フニ忍ヒサルモノアリ」(『出兵史』)

もちろん日本軍の陣地に避難し、将兵と共に銃火に果てていった居留民も少なからずいたものとみられる。地元ロシア人が二人の日本人に一緒に避退しようと誘ったのだが、二人は「いや我々だけが逃げるわけにはいかない」と味方陣地の方へ向かっていったという話もある(『国辱記』)。また居留民で「義勇団」を組織していたとの記録も残っているが、戦闘開始前に解散していたという話もあり、構成員の行動は必ずしも明確でない。

ともかくも「行くも地獄、残るも地獄」といった状況にあったことには変わりない。先にも紹介した『シベリア出兵従軍記』を再引用すると、「鮮人のなかには赤衛軍に内通する者が多く〜屋内地下室などに隠れた家人(日本人)や隠した財宝を赤衛軍に手引きした」

『出兵史』には「在ニコラーエフスク日本人全部ハ主トシテ支那人及朝鮮人ノ手ニ因リ惨殺セラレタリ」とある。

大虐殺

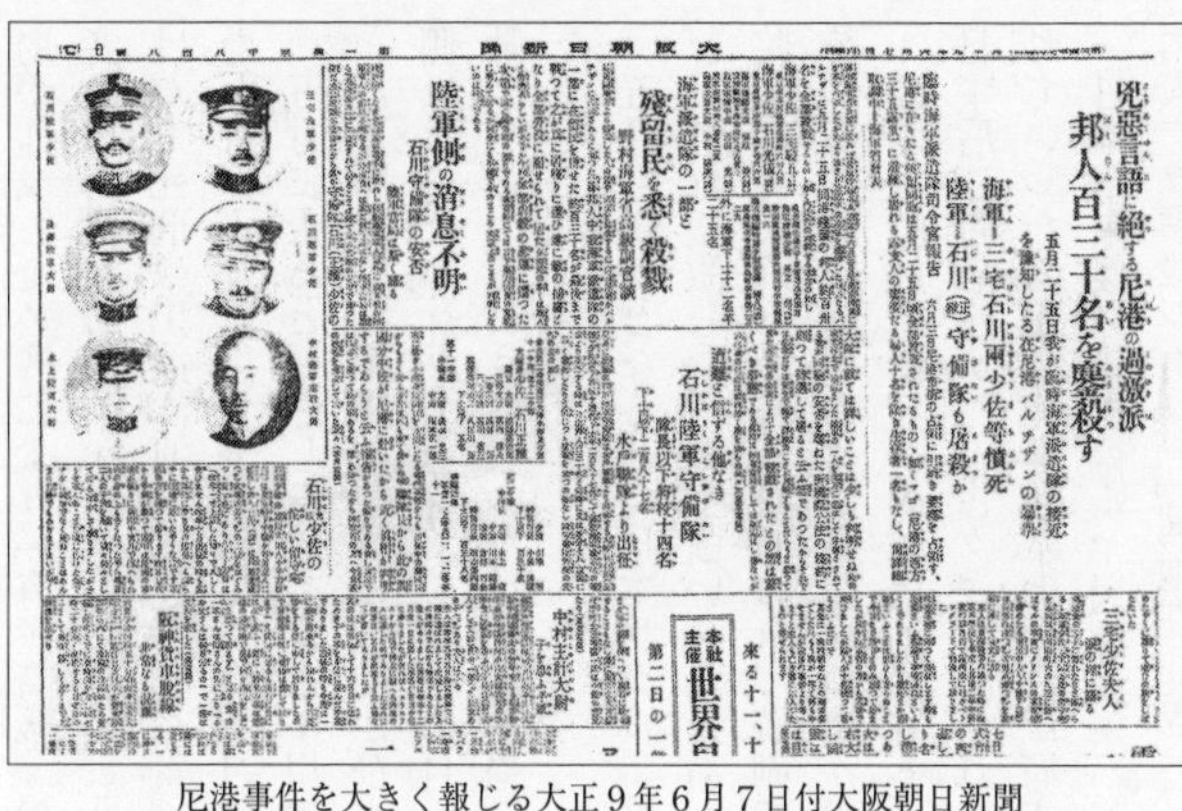

大阪朝日新聞

兇悪言語に絶する尼港の過激派
邦人百三十名を鏖殺す
五月二十五日我が臨時海軍派遣隊の接近を諜知したる在尼港パルチザンの暴挙
海軍＝三宅石川両少佐等慘死
陸軍＝石川（銓）守備隊も屠殺か

臨時海軍派遣隊司令官報告

海軍派遣隊の一部と
残留民を悉く殺戮

陸軍側の消息不明
石川守備隊の安否

石川陸軍守備隊
隊長以下将校十四名

尼港事件を大きく報じる大正９年６月７日付大阪朝日新聞

市中における虐殺行為から免れ、辛うじて守備隊陣地に逃げ込んだ居留民十三名だったが、生き残りの将兵百四十名と共に満員状態の獄に投じられた。以下、事件後、尼港の地を再訪し、生き残りのロシア人や中国人らから当時の模様を聞き歩いた先述の前尼港海軍無線電信通信隊長の高山少佐の著書『アムールの流血』によれば――、

発疹チブス患者続出のうえ、衰えた身で重労働を課せられている。日本軍救援部隊が近づきつつあるとの報に、パルチザン側は陸上陣地の構築と、日本軍船舶の航行を妨害するため解氷期のアムール川水路に石材や中古船を沈める作業を急いでいた。その間、獄内で最上級者だった河本中尉が指揮を取り、「全責任は河本にある。軽挙事をなすやうなことなく～無事帰還し事件の真相を内地に訴えよう」と励まし続けている。

市中ではパルチザン指導者トリヤピーチンをトップとする労農兵執行委員が組織され、特別探偵局が作成した名簿により「有産階級」の逮捕が相次いでいた。密告も奨励され、拘束された者は革命裁判所に引き出され、弁明も許されず、即「死刑」「放免」のいずれかの判決を受けた。死刑は黒龍江河畔に連行し、銃剣または刀剣によって実行された。斧による撲殺も行なわれ、「短銃によって射殺された者は最も幸福の部であった」。

五月に入ると、さしものアムール川の結氷は全面的に解け始め、船舶航行が可能となってきた。同時に日本軍救援隊の動向がひんぴんとしてもたらされるようになった。パルチザン側は「急に熱狂的となり」、獄中の日本兵らに対し、一段と「過酷な労務を課し残酷な行動」を強いるようになった。尼港撤退に備え、船への糧食や武器弾薬の積み込みも強行された。

五月も半ばとなると、日本兵グループに対する扱いはさらに「狂的」となり、獄中から呼び出され、激しい労働を強いられたあと、殺害されるようになった。チブスや負傷などで入院中の者十八も小舟に乗せられ、銃剣で水中に突き落とされた。こうして次々と呼び出しを待つ身の恐怖はいかばかりであったか。

のち、救援隊は獄舎の壁に刻まれた多くの「最後の言葉」を見ている。「大正九年五月24日午后12時忘ルナ」と古クギで記されたものもあった。この日この時刻、処刑の場に連行されていったのか。和洋数字の乱れが痛ましい。

「日本軍来援ノ報ヲ得ルヤ過激派軍ハ五月二十四日ヨリ二十七日ノ間ニ悉ク之（生き残り日本人）ヲ虐殺シタリ」「同地在住民（ロシア人）一万二千ノ内六千人ヲ殺戮シ五月三十一日

市街ヲ焼棄シ山林ニ遁入シタリ」（外務省欧亜局編『日「ソ」交渉史』昭和十七年）

結氷に阻まれていた船による救援部隊が尼港に到着したのは最後の日本人が殺害されて一週間後の六月三日のことだった。多くの遺体がアムール川に投げ込まれていた。衣服をはぎ取られ、腐乱しかけていたため男女の判別ができず、浮上遺体収容のさい、「男子は下向き、女子は上向きとして判断した」（救援部隊佐伯義登軍曹『尼港事件の真相』）とある。

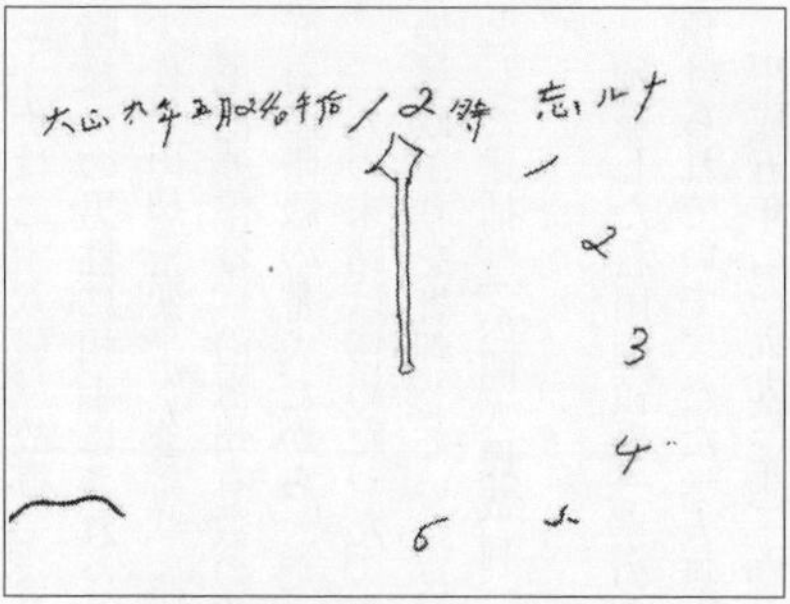

獄舎の壁に刻まれた遺言（『尼港事件秘録アムールのささやき』より）

パルチザンの指導者トリアピーチンは日本軍救援部隊の尼港上陸直前、アムール川上流伝いに逃亡した。退去のさい、石油と爆薬によって市街地建物を破壊し尽した。この男と、参謀役として終始行動を共にしていた女性ニーナ・レベテワの素性はよく分からない。

裏付けに乏しいうらみはあるが、いくつかの資料から拾い上げてみると、トリアピーチンは当時二十五歳。帝政ロシア陸軍で軍隊教育を受け、その後、革命支持派軍に入り各地を転戦した。尼港事件のあと、現地調査に当たった日本軍将校は「その戦闘技術は相当なもの」と評したということだ（『アムールのささやき』）。

ニーナは二十八歳。故郷では「町一番の美人」だったが、ユダヤ人家庭ということで「有産階級」の男性に相手にされなかった。そこで階級闘争に目覚め、パルチザンに入った（海軍少佐川田功『赤軍の女参謀』昭和十六年）。

尼港襲撃は「沿海州有数の裕福な町」だったからであり、日本軍に対する攻撃もまた「地元有産階級の番犬だから」だった。

二人の末路は惨めだった。事件発生二ヵ月後の七月初め、逃亡先でかねてトリアピーチンの暴政ぶりを批判していた反主流グループにより、「共産主義組織に対する信用を害した」として逮捕。「公開人民裁判」にかけられたあげく、銃殺された。

殉職した石田副領事一家のうち、長女芳子（当時十歳）は学校教育のため、東京の実家に預けられていて、ただ一人無事だったことはすでに述べた。

平成五年（一九九三年）五月、家族らと七十三年ぶりにニコライエフスクを慰霊訪問している。八十四歳。同地が軍港要塞地帯に指定され、長い間、外部からの訪問者を受け入れてこなかったことがあった。

手記『ニコラエフスク訪問慰霊の旅』によれば、一行を迎えた現地の人の目は温かかった。領事館跡は空地になっていた。周囲に残るシラカバの木々にかすかな記憶があった。バラの花束をアムール川に捧げ、手を合わせると、急に周りの川面が動き、しぶきを上げ、大きく波立った。その夜、ロシア人女性ガイドがしみじみと語っている。

廃墟となったニコライエフスク市街。暖房用煙突だけが空しく立つ（『水戸歩兵第二連隊史』より）

無言の帰国（『水戸市史下巻』より）

「アムールがあのように波立ったのを見たことはない。きっと皆さんのお気持が亡くなった方々の霊に届いたのだと思う」

第十章　「無名の師」総決算

誰が補償するのか

尼港事件の報告を受けて日本政府は激怒した。

だが、怒りの拳を振り上げたものの、謝罪を求め、賠償させようにも相手が不在なのである。日本は依然としてモスクワの革命政府ソ連邦を認めていなかったし、シベリアに誕生したばかりの極東共和国（事件一ヵ月前に樹立宣言）は未だ十分に機能していなかった。そこで確たる交渉相手が出現するまでの暫定措置として北樺太（北サハリン）を保障占領した。（南樺太の方は日露戦争の結果、ポーツマス条約により日本領になっていた）

ここで、事件当時、「尼港の帝王」島田元太郎が海軍省に呼ばれて上京中だったことが思い起こされる（第三章「諜報員石光真清」）。かねて北樺太資源に注目していた海軍当局が上京をうながし、すでに現地調査済みの島田元太郎にレクチャーを求めていたためだった。実業家としての島田の面目躍如というべきかもしれないが、ここらへん、保障占領がらみで次のような論評がみられるところでもある。

「『尼港事件』は日本帝国主義がみずからの軍事的・道義的惨敗の責任を回避しつつこれを逆用し、国民を徹底的に反ソ世論へ誘導して、北樺太の石油石炭利権の獲得を実現せしめたスケープゴートであった」（小林幸男『日ソ政治外交史』）

難しい言い回しだが、日本帝国主義は尼港事件を絶好の口実として国民の関心をそらし、かねての北樺太利権獲得の野望実現をはかった、ということになろうか。その後、日本政府の強硬な態度に対し、モスクワの革命政府は非公式ながら「（尼港事件への）遺憾の意」を表してきたものの、それ以上のものはなかった。こうしたことから交渉は長引く見通しとなったのだが、一方、例の中国砲艦による不法銃撃問題では北京政府に「遺憾の意」を表させると共に「慰謝料三万元」を支払わせている。

もうひとつ、緊急に解決すべき課題があった。虐殺された居留民遺族に対する補償問題である。尼港事件とほぼ同時期、日本の漁業会社が関係する漁場への焼討事件も発生しており、人命の被害こそなかったものの、漁業関連財産への打撃は甚大なものがあった。

本来ならば、そうしたもろもろの被害賠償金はロシア側が支払うべき筋合のものだが、相手は態勢の立て直しに時間がかかりそうな状況にある。ここで、かの島田元太郎がまたまた動いた――。既述のように彼は日露戦争開戦時には商用で日本内地にいた。尼港事件では上京中だった。なんともはや、彼は図らずして二回にわたる危機を「奇跡的」に免れていたの

寒気に耐え、任務にあたる日本軍歩哨
（『西伯利に於ける第五師団』より）

だった。このため、命を落とした自己の島田商会従業員はもちろん、居留民遺族や漁場焼討事件被害者に対する哀悼の念、痛切な思いは深く、その後、「尼港殉難者遺族代表」として東京に自費で対策事務所を構え、執念の救済運動を続けている。

これに対し政府は一貫して「ロシア革命に由来する被害の補償はロシア政府がすべきこと。日本政府にはその義務はない」という立場を取り続けた。しかし、やがて「困窮している国民を放置するに忍びない」として「救恤（きゅうじゅつ）金」名目で救済金を交付するに至った（清水恵『函館・ロシア　その交流の軌跡』）。その実、上記の小林論文が指摘しているように、政府は対ロ（対ソ）交渉では金銭的補償問題よりも北樺太利権獲得を優先させるハラだった。「したがって日本政府は被害者や遺族を納得させるために、いきおい何らかの補償を約束せざるを得なかったのであろう」（同）ということになる。

この救恤金は大正から昭和初期にかけ、三回にわたって交付された（三回目の交付名目は「救済金」）。島田元太郎、残りの人生を殉難者遺族等への補償問題にかけたといって過言でなかった。島田は最終報告書でうれしそうに記している。

「顧フニ今回尼港事変損害賠償ノ解決ハ要スルニ過去十数

年間各位ト共ニ堅忍不抜ノ精神ヲ以ツテ如何ナル障害ニモ辟易セス、只管目的ノ貫徹ニ向ツテ不断ノ努力及運動ヲ継続シ来タリシ吾等ノ微衷ニ対スル神明ノ加護～ニ外ナラスト存シ転タ感慨無量ナルモノアルヲ覚エ申候」（『尼港事変損害賠償成立ニ関スル報告書』昭和十年。函館市立図書館蔵）

天草の殉難碑

平成二十年（二〇〇八年）三月十二日、熊本県天草市五和町の東明寺にある「尼港事変殉難碑」の前で行なわれた慰霊祭を取材したことがあった。尼港日本軍守備隊が「残虐暴戻」を極めるパルチザン勢に対し一斉蜂起した日に当たっていた。

遺族会の武藤隆一代表（元本渡市立図書館長）によれば、慰霊祭は殉難碑建立の昭和十二年（一九三七年）から開催されている。関係者の代替わりで最近は十人程度の参加になっているが、「事件を語り継いでいく気持には変わりない」という話だった。

この遺族会の正式名称は「尼港殉難者遺族謝恩会」というものだった。会則冒頭には「殉難者の供養」と併せて「十有余年本問題解決に尽された島田元太郎氏の誠意に酬い謝恩の実を挙ぐるを目的とす」とあった。当時「窮状の極」にあった天草人にとって、島田は忘れてはならない「義烈の人」となっていたのだった。

なぜ「窮状の極」だったかというと、次のような事情があった。

事件直後に結成された島田元太郎主宰の尼港会調べによると、尼港事件における居留民犠牲者数は「（身元判明）三百十五名」「（身元不詳）約八十名」に達した。うち身元判明者三百十五人を出身道府県別にみると、熊本百十六、長崎七十九、鹿児島十六、北海道十五、佐賀十四、福岡十と続く。犠牲者の大半が九州出身者だったことが分かる。

さらに踏み込んでみると、東明寺の殉難碑の碑文には、熊本勢百十六人のうち、男四十人、女七十人の計百十人の名前と出身地が刻まれていた。なんと、最大の犠牲者を出した熊本勢なのだが、そのほとんどが天草出身者だったのだ。事件が天草の地に与えた影響の大きさがうかがえる。

そして女性が圧倒的に多いのは、第一章「シベリアお菊」で記述したところの「からゆきさん」抜きには語れないことは容易に想像できよう。岩永久次『「諸難儀」覚え書き』（熊本学園大学付属社会福祉研究所。平成十年）をみると、被害女性七十人のうち、追跡調査できた三十五人の職業内訳は「女中・子守」十五人、「娼妓・酌婦・芸妓」十七人となっており、「からゆきさん」の大きな存在が確認される。

関連して、先に「シベリアお菊」で紹介した郷土史家北野典夫『天草海外発展史下巻』には「一衣帯水の長崎から野生に富む天草の男女が〜波涛の如く海外に進出、その全人口比は全国平均の四倍を越えた。動機は『母っちゃま、外国で稼いで、米ん飯ば食わせて上げ申そわなん』。まぎれもなく親孝行の心であった」と、地元の視点から見た「からゆきさん」像（この場合、男性も含む）が描写されているところだ。

「尼港事変殉難碑」（上）での慰霊祭に参列した遺族ら（下）。手前右が武藤隆一遺族会長（平成20年３月12日、天草市・東明寺で）

天草島民特有の気質がうかがわれる記述である（現在は天草五橋により九州各地とつながる）。そうした思いがあってか、犠牲者多数が出た鬼池村の場合、事件直後の大正九年（一九二〇年）七月、やはり東明寺で地域あげての追悼会が連続四日間にわたって行なわれているのだが、そこには「娼妓・酌婦」の区別などみられていない。

なお時の政府は先の救恤金交付に当たって、被害者個々の所有財産調査が不能とあって職業区分に基づいて算定額を定めたのだが、「妾、娼妓、酌婦」に提示されたのは五十四職業区分のうちでも最低額だった。さらには「彼女たちの仕事は『正業』に対し『醜業』と差別され、正業者に対しては在留年限により割増金が加算されたのに、その恩恵にも浴することができないなどの不利益」があった。（『函館・ロシア　その交流の軌跡』）

全国に残る殉難碑

日本政府を激怒させた尼港事件だったが、残虐行為の詳細が明らかになるにつれ、関係先の人々の憤激も高まっていった。

非運の部隊となった水戸歩兵第二連隊の地元である茨城県『水戸市史下巻』には次のような内容の記事がみられる。

第二連隊の留守部隊と上級機関の宇都宮第十四師団は将校を動員。県下の戦死者遺族宅の全戸慰問に向かわせた。県知事と第十四師団長を祭主とする臨時大招魂祭が水戸市で挙行されたさいには、時の陸軍大臣田中義一中将も参列した。

シベリア出兵の積極論者であった田中については、その責任を問い、暗殺の噂さえあったのだが、参列は周囲の制止を振り切ってのことだった。万一の場合の覚悟を決めてのことだったとおもわれる。

ちなみに一年半後の大正十年（一九二一年）十一月、その田中陸相を閣僚とする原敬首相が東京駅で十九歳の国鉄大塚駅員に刺殺されたが、犯人は「自分が政治問題に注意するようになりしは尼港事件なり」と供述している。（小泉輝三朗『明治大正昭和犯罪史正談』）

茨城県における市町村愛国婦人会や在郷軍人による遺族訪問は続き、県下全域で各種集会も相次いだ。講演会や報告会はいずれも「階下階上立錐の余地なき盛況」で「満場声なく」

「聴衆すすり泣き」「七百の学生切歯扼腕」「尼港事件は今や全く国民の同情と義憤の絶頂にたつせり」とある。水戸市堀原には尼港殉難者記念碑が建立された。

なにせ、これまでみてきたように犠牲者数が尋常ではなかった。パルチザンも相当数の死者を出したに違いなかったが、「犠牲邦人は居留民三百八十三名（内女百八十四名）及軍人三百五十一名」の計七百三十四名にのぼったのだった。

ただし、このうち居留民に関する数字は資料により若干異なる。たとえば、先ほど見た島田元太郎の尼港会「殉職者県別表」では居留民犠牲者数を「（判明）三百十五名」「（身元不詳）約八十名」としている。

国民の怒りには相当なものがあったが、現地駐屯の日本軍将兵たちも同様だった。「目下過激派の俘虜百余名あり。漸次に解放したる残りにて、最も首謀と認めたるものは殺しつつあり、之を『ニコラエフスク行き』と唱へつつありといふ」（『八杉貞利日記ろしあ路』）のち詩人として名を馳せる三好達治という若者がいた。事件当時、陸軍士官学校に在籍。折から朝鮮半島会寧の部隊で「教育実習中」だったが、脱走騒ぎを引き起こしている。「三好士官候補生はその情勢を大いに憂え、同期生四、五人とロシア討つべしといって、ひそかに軍隊を脱出。樺太まで行ったが（注　実際は北海道まで）志を遂げないうちに（憲兵隊に）つかまって……」（河盛好蔵『憂国の詩人三好達治』現代日本文学全集大系64所載）。あげく、三好は士官学校を中退。畑違いの京都・第三高等学校に進んでいる。

殉難追悼の碑は現在、全国六ヵ所で確認できる。これまで記した分も含めて紹介してみると——。（年月日は建立年）

熊本県天草市五和町　東明寺　尼港事変殉難碑　昭和十二年（一九三七年）

長崎県雲仙市国見町　光専寺　尼港事変殉職者碑　大正十二年（一九二三年）

東京・九段坂上にあった殉難記念碑の前に立つ石田家遺族。左端が石田芳子（東洋文化協会『開国文化八十年史』より）

山口県熊毛郡平生町　町内墓地　尼港殉難者之碑（建立年不明。碑文に「陸軍大将男爵田中義一書」とある。従って建立は陸軍大将となった大正十年以降、数年のうちか）

茨城県水戸市堀原　堀原運動公園　尼港殉難者記念碑　大正十一年（一九二二年）

北海道札幌市中央区　札幌護国神社　尼港殉難碑　昭和三年（一九二八年）札幌・旭ヶ丘に建立昭和三十五年（一九六〇年）札幌護国神社に移設

北海道小樽市手宮　手宮公園　尼港殉難者追悼碑（納骨堂）大正十三年（一九二四年）

▽東京・九段坂上にも尼港遭難記念碑（大正十三年五月建立）があった。関東大震災後の

道路拡張で靖国神社大鳥居横に移築。敗戦直後の昭和二十二年（一九四七年）、上部構造物が取り払われ、台座を残すだけとなった。現在、台座の上に濠北方面戦没者慰霊碑が建つ。

シベリアしっぺぇ

それでは、いまいちど、日本軍シベリア出兵の流れを振り返ってみると、大正七年（一九一八年）四月、海軍陸戦隊のウラジオストク上陸に始まり、同年八月、政府の「シベリア出兵」宣言によって本格化した。米英仏軍らと共同出兵のかたちで連合諸国軍を組み、同十一年（一九二二年）十月まで四年余にわたってシベリア各地に転戦した。（保障占領の北樺太からの撤退は大正十四年五月）

動員兵力は七万二千に達した。実働兵力は最大時で「五万八千」前後と推定されるのだが、死傷者五千六百を出し、戦費「九億円」を要した。そして極めて不評判の出兵だった。落語家が「シベリアしっぺぇ（西伯利亜失敗）」とシャレを言うと、客席がどっと沸いたというハナシがある。掲載のマンガは「日本近代漫画の祖」北沢楽天の作品で、「軍費はさながら底無しの井戸を埋めたやうなので国民の反対の声ごうごうたるものであった」（『楽天全集第五巻』昭和五年）と添え書きに見える。

こうした事情は、シベリア戦線はもちろん、ヨーロッパ・ロシア戦線のいわゆる対露内政干渉戦争にかかわった各国にも共通することだった。

「どれほどの費用を要したかということについては～イギリスは約一億ポンド（五億ドル）、フランスは三千万ポンドないし四千万ポンド（一億五千万ないし二億ドル）を～反革命軍にだけ費っている」（『反ソ秘密戦争』）

「シベリア出兵」北沢楽天画

それに各国とも「同床異夢」で、それぞれ出兵の目的とするところが異なっていた。

「イギリスの帝国主義者連中はロシアとインドの間にザ・カフカース連邦を作り、近東方面の石油生産地をことごとく自己の手に収めようという大規模な計画を持っていた。日本の帝国主義者どもはシベリアを奪取しこれを植民地とする計画をたて、フランス帝国主義者はドネッツと黒海地域を支配しようとして……」(同)

それぞれが勝手な行動を取り、足の引っ張り合いを行ない(第五章「アタマン・セミヨノフ」)、結局はいずれの国も「何ひとつ」得るところがなかった出兵だったということになる。貴族院(大正十年一月二十四日)で憲政会総裁加藤高明が「無名の師を興し我が忠勇なる将兵を徒らに曠野に曝し」と政府弾劾演説を行ない、以降、「無名の師」(名分のない戦争・出典『後漢書』)という言葉が世間の口の端にものぼるようにもなっている。

ただ、どうだろう。いま、「日本の帝国主義者どもは~植民地化とする計画をたて云々」という記述があったが、これに関しては第四章「おらが総理田中義一」の中で紹介した「極東の露国人を懐柔して自治国を作らしめ、将来之を指導して富源豊かな地方を開発するの地位を占むる」(『田中義一伝記下巻』)とあるのと合致する。

その「自治国」づくりなのだが、既述のように「極東共和国」の誕生がある。たとえ、モスクワ革命政府に後押しされた赤色ならぬ「桃色政権国家」であったとしても、ともかくもシベリアにつくられた緩衝国家だった。この極東共和国はやがて日本軍撤退によりモスクワ革命政府に吸収されていくのだが、一時的にせよ、日本が意図した緩衝地帯づくりは現実化されたことになる。

誕生直後の極東共和国の首都チタに入った新聞記者大庭柯公(おおばかこう)は書いている。

「（同国外相ユーリンは）しきりに予に向って三井とか大倉（いずれも日本の財閥）とのことを詳細に尋ねていた」「民主政治を標榜するチタの政府としては、森林でも鉱山でも相当な条件で租借を開くに躊躇するものでないと信ずる」（『露国及び露人研究』）

大庭柯公は第八章「革命軍飛行士新保清」にも登場してもらったが、大阪毎日新聞を振り出しに東京朝日新聞、読売新聞のいわゆる「三大紙」を渡り歩いたわが国有数のロシア通記者だった。先にも書いたように「なんでも見てやろう」の元祖みたいな好奇心にあふれたジャーナリストで、極東共和国（チタ政府とも）にも新聞記者として初の入国を果たしている。

彼はこの新生共和国のありようについて「共産主義的政治といわゆる民主主義とのこの両頭の蛇が、その内外の施政上に両様の観あることは、免れ難きことである」としながらも、「極東西伯利の露人は、耐久的にある新しい政治及び社会組織を打ち樹てることに、協力的努力を払いつつある」「（日本が）チタ政府との親善に進んで来たことは日露人双方のために何よりもよろこばしい」と結んでいる。（同）

桃色の極東共和国

この極東共和国についてもう少し資料を検討してみると、大庭柯公記者の分析にもあるように真にイビツな人為的につくられた国家だったことが分かる。

シベリアに出兵した連合諸国軍の多くは主目的だったチェコ軍救出作戦が終わると、一九二〇年（大正九年）六月までに撤退したのだが、日本軍だけが居残った。「日本の出兵目的は二転三転した。最初のチェコスロバァク軍援助は～穏健派（反革命派）への援助による『治安維持』とかわり～（やがては）居留民の保護と朝鮮・満州の赤化防止が目的として掲げられた」（信夫清三郎『大正政治史第三巻』）

時の原敬首相は議会で答弁している。「わが国は～領土ならびに満州においてシベリアと接している～過激思想、過激派の行動は、どういう態度をとって、いかなる行動を今後になすかをみなければならぬ～他国のごとく日本は単純にまいりませぬ」（同）

こうした日本政府の対応には、国内では「即撤兵」要求運動の高まり、欧米各国からの強い反発や非難を招くことになるのだが、半面、革命ロシア側は日本の出方に手を焼くことになった。そこで両国間の緩衝地帯としての極東共和国構想が浮上してきたのだった。日本としても、依然としてかの反革命セミヨノフ将軍を擁立する緩衝地帯づくりにこだわりはあったものの、この共和国がうまくいくとしたら、それに越したことはなかった。

それにしても一時の非勢を挽回して連合諸国軍を撤退に追い込み、いまやシベリア全域を支配下に収めるかのような勢いにある革命ロシア政府が、なぜ、そんなふうに下手（したて）に出たのだろう。のち革命政府指導者レーニンは、第八回ソビエト大会ロシア共産党代議員団会議で共和国樹立に至った理由を次のように報告した（一九二〇年十二月）。

「戦争を先にのばすだけでなく、できればそれなしにすませるように努力しなければならない。なぜなら日本は～手にあまる相手だからである」（『レーニン全集第三十一巻』）

そのころの革命ロシア国内事情はとみると、西部戦線で米英仏の援助を受けたポーランド軍、南部戦線ウクライナでは反革命軍ウランゲル将軍が、それぞれ大攻勢に出ていた。遠い極東のシベリア戦線と違い、新首都モスクワに近いこの西部・南部戦線は新生国家の死命を制しかねない戦いだった。

「西方と東方との両面作戦を行うのは不可能だった」「西方における革命戦争遂行のためには東方での日本との戦争を防止する必要があり、東シベリアのソビエト化を当面断念する譲歩が不可欠だと、レーニン、トロッキーが判断した」（堀江則雄『極東共和国の夢』）

一方、そのシベリアに展開する日本軍とて決して威張れた状況にはなかった。この年、一九二〇年（大正九年）一月、援助していたオムスクの反革命政府が崩壊。大いに肩入れしていたチタのセミヨノフ軍もまた末期的症状を呈していた。日本軍の勢力範囲はわずかに沿海州とその周辺にとどまるだけだった。（尼港では前哨戦がすでに始まっていた）

日本兵に食べ物をねだるロシアの子どもたち（陸上自衛隊旭川駐屯地北鎮記念館資料より。靖国偕行文庫室蔵）

モスクワの革命政府にとって、その息がかかった傀儡国家、緩衝国を樹立させるのはさほど難事でなかったことになる。もともとこの極東の地にはモスクワと一線を画した「自治」を求めるシベリア地方主義運動があり、この緩衝国づくりに関しては「日本軍の略奪的占領と～ボルシェビキ（共産主義）の破壊的支配から東シベリアを守る立場で緩衝国家を支持した」とされる。（同）

そんな事情これありで、西部・南部戦線の手当ての方が急がれたことから、革命ロシア政府としても、そうそう露骨に主義主張を出せず、日本が乗りやすいよう曲りなりにも独立した「民主主義国家」の体裁を整える必要があったのだった。

武装解除作戦

一九二〇年（大正九年）四月六日、極東共和国樹立宣言。首都は最終的にセミヨノフ軍撤退後のチタに置かれた。勢力範囲はバイカル湖以東からカムチャッカ半島、ベーリング海峡に至る広大なロシア東部にある全州を網羅するものだった。州でいうと、ザバイカル州、黒龍州、沿海州、サハリン州、カムチャッカ州。（のちカムチャッカ州はモスクワの革命政府側に譲渡された）

首班は共産党イルクーツク地区委員会議長クラスノシチョコフ。極東共和国を構想し、レーニンの承認を得て日本側にも情報を流し、その反応を確かめて樹立宣言まで漕ぎつけた切れ者である。一年前、アムール州ブラゴベシチェンスクで諜報員石光真清少佐らと対立。いわゆる「ブラゴベ三月事件」で暗躍した男だった（第二章「諜報員石光真清」）。いちど、コサック中心の反革命派軍に指導者ムーヒンと共に逮捕・投獄されている。そのさい、石光ら日本の特務機関が彼らの処刑を強く迫るという一幕があった。

それが、いま、こうして革命政府と日本との間に立っている。人の世の巡り合わせの不思議さとでもいえようか。クラスノシチョコフ個人が日本に対し、とくに恨み、つらみを抱いていた形跡はない。そのせいでもあるまいが、新政府樹立をめぐる日本国内の新聞論調はおおむね好意的だった。「撤兵の絶好機会」「我陸軍の面目は立った」。もっとも「もういい加減にしてほしい」という国民大多数の意向が背景にあったことは指摘されよう。

そのせっかくの共和国構想だったが、日本側の対応はいささかもたついた。前にも触れたように朝鮮半島「赤化防止」政策にも関わることでもあったことによる。

いよいよ共和国軍が統一され、シベリア各地の過激派・パルチザン勢が一括加入することが決まると、共和国樹立宣言日の前後、かねての「不逞の徒」である彼らを一挙にセン滅すべく、日本軍は容赦のない「武装解除作戦」に出ている。合法的に共和国の傘下に入ってしまうと、手が出せなくなってしまうからだった。既出の『列強対満工作史下巻』によれば、「日本軍によって監獄から解放された旧コルチャック軍がこの虐殺に参加した」とある。崩壊した旧オムスク政府軍のことで、報復、復讐の念が強かったに相違ない。

「ロシアの軍服をきているものはすべて殺害され、革命の同調者とみられたものもまたすべて射殺された。ウラジオストクでは日本に反対するとみられた朝鮮人はすべて逮捕され、射て焼かれた」(『大正政治史第三巻』)

殺された。軍事革命委員会のラゾ、ルッキイ、シビルツェフなどは機関車の缶に投げこまれて焼かれた」(『大正政治史第三巻』)

現場に出動した茨城県那珂郡中野村(現ひたちなか市)出身の騎兵第十八連隊(宇都宮)・鴨志田幸亮上等看護卒は従軍日記『オーロラの下を』に書いている。「市内に入るや、敵兵の惨死、軍馬の斃れるや、広壮なる家屋の見る影なく、砲弾のため破壊され、或は火災を起し、赤煉瓦の角窓より焔々と火の見ゆるあり。人心はただ悖々、とせるのみにて如何に市街戦の猛烈なりしを察するに余りある~ああ市民は如何。親兄弟散り散りに分かれて砲弾に泣いたであろう。吾々軍人の今夜の夢や果たして如何」

一連の殺害行為に関しては「反革命派軍に引き渡された後、殺害さる」とする資料もあるのだが、当時、沿海州視察旅行に出ていた言語学者八杉貞利は日本軍鉄道守備隊の将校同士の会話をメモしている。(『八杉貞利ろしあ路』)

「列車には常に過激派の密偵あり。列車到着すれば第一に降り来り注意する動作にて直に判明する故、常に捕へて斬首その他の方法にて殺しつつあり。而して死骸は常に機関車にて火葬す。半殺しにして無理に推し込めたることもあり」

先にも述べたように朝鮮人に対する弾圧にも徹底したものがあった。

「特に在シベリア日本軍は一連の朝鮮人民の抗日パルチザン活動によって、その『不逞』の実相を経験しているだけに、敵視の感情は露骨であった。端的に言えば尼港事件の復讐の意識さえみられるといってよいだろう」というのだった。(『現代史資料27・資料解説』)

雪と泥にまみれ、兵の歩みは続く（『西伯利亜派遣軍記念写真帖』より）

第五章「アタマン・セミヨノフ」で登場した伊達男バロン・ウンゲルンが「アジア騎兵隊」「日の丸団」と共に外蒙古遠征で暴れ回ったのもこのころで、沿海州の日本軍・セミヨノフ軍と連動して内陸部に日本寄りの政権をつくる意図があった。

だが、それは長年にわたってシベリアに駐屯し続けた日本軍最後のあがきにも似ていた。大正十一年（一九二二年）六月、全面撤退を発表。「共産党の仮面なる極東緩衝国と折衝を続けつつ」撤退に移り、十月二十五日までに北樺太駐屯軍を除き、「在留同胞の大部分と共に全部沿海州から撤退し終わった」のだった。（山内邦介『浦塩と沿海州』昭和十八年）

これに伴い、極東共和国は同年十一月、国民会議を開き、モスクワの革命政府に全権を移譲することを決定した。モスクワ側からみて、もう緩衝国家など必要なくなったからだった。首班（大統領）クラスノシチョコフは根っからの革命運動家で米国に亡命したこともあった。そのせいか、新国家発足に当たっては米国型の自由主義的な気風を一部取り入れ、閣僚メンバーも共産主義者にこだわらない面があった。それが、わずか二年七ヵ月の短命国家で終わらざるを得なかったことに、さだめし無念の思いがあったに違いない。その後、クラスノシチョコフはソ連経済運営の中枢にいたこともあったが、スターリン時代に入って「国家反逆罪」により逮捕、銃殺刑に処された。極東共和国における「自由主義的」な国家運営方針が改めて問責されたともいわれる。五十七歳だった。

日米対決の始まり

連合軍諸国に共通する出兵の「大義名分」はチェコスロバキア軍救援にあったのだが、次第に自国の「戦略的観点」に基づいて動くようになった。シベリア戦線の場合、共に多数の部隊を派遣した日本と米国（九千）の両国がそれぞれの思惑の下に主導権争いを演じたことから、対立が際立った。

日本はかねて国防上の宿願である「北辺の脅威」を払拭し、シベリアから北満州にかけて勢力拡大を図る「一大好機の到来」と受け止めていた。米国はそうした日本の「大陸膨張主義」の封じ込め役として立ち回る一方、「アメリカ資本が伝統的に関心を持つ」シベリア鉄道の管理問題に意欲を燃やしていた。（細谷千博『シベリア出兵の史的研究』）

例えば——。第六章「社会主義中尉長山直厚」で記述したことだが、出兵当初、小倉第十二師団はウスリー鉄道沿いに北上し、短期間のうちにハバロフスクまで進出している。海軍陸戦隊によるニコライエフスク（尼港）占領もその作戦に呼応したものだった。

これに対して米軍は「派遣軍の任務範囲を鉄道守備に限局すべし」とし、全鉄道の管理を連合国鉄道委員会のコントロール下に置くことを求めた。だが、その実、米国には「シベリアの鉄道にアメリカの支配を樹立し～日本を駆逐」する意図があり（『列強対満工作史下巻』）、問題の連合国鉄道委員会設置に関しても米国鉄道技師団の息のかかった者を動かそうとした。日本側としてはそう簡単に乗れる話ではなかった。

とにかくも、そんな具合だったから日米間の雲行きはハナから険しいものがあった。

以降、日米両軍の間には「シベリア鉄道の確保にあたって～反革命派の活動に間接的援助をあたえていたものの、コサック問題、パルチザン討伐問題を中心に日米の極東政策の本質的矛盾は表面化し～実質なき共同出兵が展開され」ていったのだった

「欧州大戦（第一次世界大戦）終了後の極東勢力圏再分割をめぐる日米の全面的対立の開幕がここにはじまったことを見のがすことはできない」（『日ソ政治外交史』）

そんなこんなで揺れる国際政治情勢に振り回された兵隊たちこそいい面の皮だった。

尼港事件で大きな犠牲者を出した第十四師団の故郷の地、『栃木県史』は書いている。

「あいまいな戦争目的と変転する方針と厳冬という未体験の気候とが兵士を心身ともに疲弊させた」「こうした状況下にあった兵士たちはいきおい残虐行為に走るか、軍紀の乱れをひきおこした」（『通史編6近現代』）

いま少し、日米対立関連で兵隊物語を拾い上げてみると——。

『西伯利憲兵史』には「米国兵に関する事項」という項目があって、やはり米兵対策に手を焼いていた様子がうかがえる。「米兵三名ハ、ハバロフスク日本娼楼ニ登リ暴行、三回発砲」「一名ハ日本娼楼ニ於テ娼婦ノ財布ヲ窃取シ逃走セントシ憲兵之ヲ現認追跡ノ上盗品ヲ返還セシム」「米国下士兵三名ハ同様日本遊郭ニ於テ露貨四十留（ルーブル）ヲ窃取ス」

あるいは、これも「社会主義中尉長山直厚」の項で紹介したプロレタリア作家黒島伝治の作品『氷河』にも「メリケン兵」へ憤懣の思いを抱く日本兵の姿が描かれている。「パルチザンと鉄砲で撃ち合いをやり～捕らえて白衛軍（反革命派軍）に引渡す、そういうことにあきてしまった」「日本軍が捕虜を殺したのではない。しかし～住民の憎悪は白衛軍を助けている侵略的な日本軍に向って注ぎかえされた」「危険な仕事はすべて日本兵がやらせられている。共同出兵と云っている癖に、アメリカ兵は、ただ町の兵営でペーチカに温まり、午後には女をあさりにロシア人の家へ出かけて行く」「アメリカは日本軍を監視するために出兵しているのだ」（『日本プロレタリア文学集9』）

ここらへんの事情について、先の『日ソ政治外交史』には、ウラジオストク派遣軍参謀長から陸軍次官あての次のような「報告」が紹介されている。

「わが日本の極東に求むる利益を破壊せんとするは、彼等（米国人）の常用手段にして、赤白桃色の別なく秋波を送り～惜気もなく機密費を振りまき、露国にたいする将来の経済援助を種とし、露人の対日反感を助長して親米気分を高むるに汲々たるが如く……」

その米軍がシベリアから撤退していったのは大正九年（一九二〇年）四月のことだったが、

支援するオムスク政府が崩壊し、シベリア鉄道管理の権利確保に見込みがなくなったことによる。日本政府にはなんの事前相談もなく、一方的に行なわれた撤退だった。

「用事がなくなるか、用事が済めば、他人の参酌などに頓着なく、我侭勝手に振舞ふのが米国式である。日本は犬鷹にさらわれて寒いシベリアに独り取り残された勘定となったのである」（海軍少将匝瑳胤次『深まりゆく日米の危機』昭和七年）

「日本を敵として」（大正10年４月25日付東京朝日新聞）

チェコ兵の帰還

ところで、連合諸国軍出兵の公式理由、大義名分に「チェコスロバキア軍救援」があったのだが、そのチェコ兵たちはどうなったのだろう。終わりに際してその結末を見届けてやりたいのだが、これまた公的資料に乏しい。（当時、チェコ臨時政府はフランス・パリにあり、シベリアのチェコ兵援助にはフランス軍将校団が当たっていたという事情がある）。以下、あちこちの資料から落穂拾いしてみると——。

チェコ兵五万余は六十兵団に分かれ、ヨーロッパ・ロシアからシベリア鉄道で東進。ウラジオに出て海路により欧州へ向かうルートをたどった（ヨーロッパ・ロシアから直接転進は船舶不足で実現できなかった）。これが連合諸国軍の出兵につながっていくのだが、途中、武装解除をめぐって沿線の過激派軍と対決し、すさまじい戦闘を繰り広げている。

「チェック軍が駐屯していて～今も一名の騎兵が一人の過激派の兵を捕虜にして連れ帰り、大勢で何やら大声で調べていたが、終わりにはポンと一発銃殺してしまった。人一人殺す位、蝿一匹を殺した程度。素早く平気なのに、これが戦争だなあと思はせられた」「チェック軍は連合軍の支援を感謝している～湯を沸したり砂糖をくれたり、何かと便宜を与えてくれる。顔に似合わず可愛い奴である」（松尾勝造『シベリア出征日記』）

「（チェコ兵に圧迫された）農民たちはたいていパルチザンに加わり、手あたり次第に捕まえたチェコ人の手足を切断した。その仕返しとして、こんどはチェコ軍団の騎兵隊が村民をかり立て、同じやり方で報復した。赤軍、白軍、チェコ軍、パルチザンの残虐行為は留まるところを知らなかった」（『大いなる海へ』）

当時、チェコはドイツの同盟国オーストリア・ハンガリー帝国の支配下にあり、民族独立が悲願だった。対ドイツの連合国軍側につき、ロシア陣営で戦っていたのもこのためだった。それが、いま、同じロシア人の革命派軍相手に戦っている。相互憎悪の念はことさら強かったのだった。（大戦後、チェコスロバキア共和国成立）

「（浦潮）救護班病院ハ毎月百名内外ノ新患者ヲ収容シ（大正七年）十二月マテニ救護セル

『チェク軍』患者ハ五百九十五名ニ上レリ」（『日本赤十字社史続稿下巻』昭和四年）、「（東京中央病院の患者は）多くの者がけがをしていて、何人かは一生不自由な体になっていた。ベッドの一つで、私はショック状態の若い男を発見した。彼は全身やけどを負っていて『家に帰りたい』と叫び続けていた」（ストルスコバ著佐々木昭一郎訳『レツルの黙示録』）

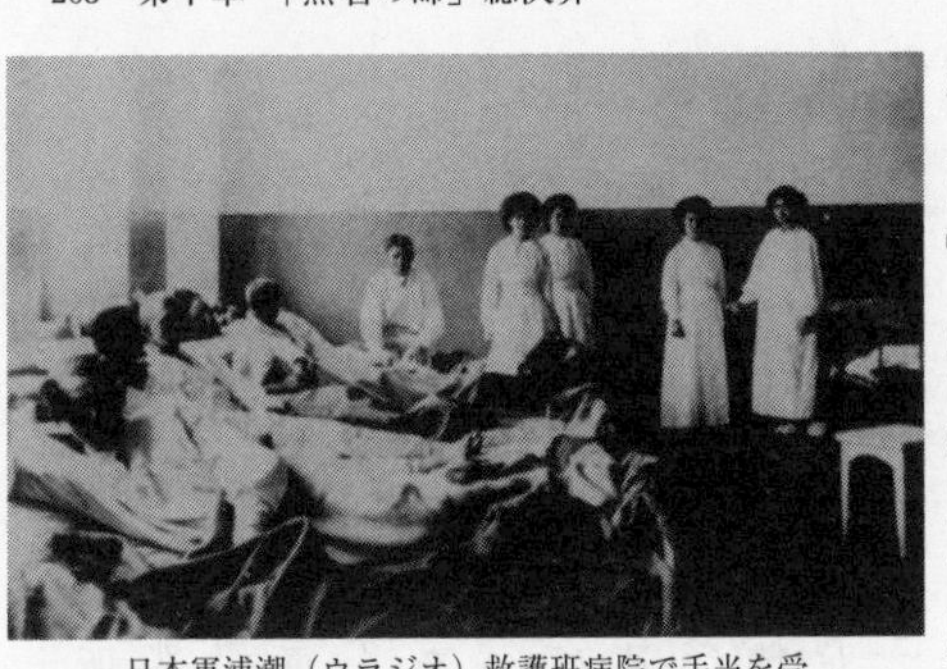
日本軍浦潮（ウラジオ）救護班病院で手当を受けるチェコ兵（『西伯利事変記念写真帖』より）

戦い続けたチェコ兵たちは、大正九年二月から九月にかけ、ウラジオからフランス政府差し回しの船に分乗して太平洋、インド洋経由で欧州に向かっている。総人員数、動員船舶数、ともに不明。折から米軍撤退、尼港事件発生という際どい時期に当たっていた。

話は現代に入って、先年の太平洋戦争のことになる。太平洋戦争末期、ソ連軍は一方的に日ソ中立条約を破って満州に攻め入った。捕虜となった日本兵はソ連領内に長期抑留された。総数六十万。うち六万が還らなかった。

抑留兵の中には、あのニコライエフスク（尼港）やオムスク政府があったチタで強制労働に服した人もいた。奥地に連行された組もあった。以下、その手記等から

――。

▽ニコライエフスクの収容所には四千人が収容されていた。重労働、飢餓、酷寒。戦友たちが次々と倒れていった。「死体置場」には数十人の凍結死体が全裸のまま無造作に積み重ねてあった。「市内には尼港事件で革命軍に殺された多くの日本人の慰霊塔がまだ残されていたが、哀れな四千人の日本軍の姿を、さぞ嘆いていたことだろう」（北海道・竹島秀雄『平和の礎―シベリア強制抑留者が語り継ぐ労苦⑩』平和祈念事業特別基金より）

▽「ロシア人は我々日本人をシベリアに連れてきて強制労働させるのを、かつて日本に占領されたことへの報復だと言っていた」（『語り継ぐ労苦⑬』）。「私たちは（シベリア）干渉軍の借りを、体で、返さなければならなかったのである」（松崎吉信『白い牙』叢文社）

▽「ソ連に入ってから、ソ連の人々から如何に多くシベリア出兵について聞かされたことか。勿論彼等も彼等なりに宣伝教育を受けているのであろうが、最後には、『今回の対日侵攻はシベリア出兵に対する復讐である』と公然と述べる。この言葉には正直云って不意打ちを食らった感じがした」（林利雄『時痕』近代文芸社）

▽長い苦労にも終わりがきて「ダモイ（帰国）列車」がウラジオ港めざして走る。小さな駅に止まったとき、一人のソ連将校がこちらの車両に移ってきた。流ちょうに日本語をしゃべる。「向こうの記念碑を見なさい。あれは尼港事件、日本軍シベリア出兵の記念碑」。線路に沿って、ゆるい丘陵状の草原に、その碑が小さく見える。「分かりますか、尼港事件。ソ連革命軍とニコライエフスクからきた日本軍と、このあたり方々で戦った」「敬礼しなさい。

勇敢な日本の兵隊さん（だったの）ですから」。私たちは、負うた子に教えられて、というか、敵国の軍人にすすめられて、丘の上に斜陽を浴びて立つ記念碑に、しばしの黙祷を捧げたのであった。（荒木忠三郎『北本一等兵に春はこない』光人社より）

「ロシアの国内戦はその苛烈さと不寛容の点で、国民を敵対する二つの陣営に分けた。深く根づいた階級間の憎しみ合いといえた」「国は同胞の血であふれた。この戦争を遂行したのは敵対する階級の軍隊だけではなかった。大部分の住民が事実上これに加わった。この戦争の主たる触媒かつ火つけ役は外国からの軍事干渉だった」（ボルコゴーノフ著生田真司訳『勝利と悲劇（上）』）

「二年半にわたる血みどろな内政干渉戦と国内の市民戦争のために、戦死、餓死、病死などによって失われたロシア人の数は、男女子供合わせておよそ七百万人であった。国土に対する物質的損害は六百億ドルであると、ソビエト政府はのちに推定している～しかし侵略者どもはなんらの賠償をも支払わなかった」（『反ソ秘密戦争』）

「この戦争は、次の世代にとって学ぶべき教訓を実に多く含んでいる。たとえば、シベリア出兵の歴史について深い知識をもつ軍人であれば、日中戦争の際、それを活用し、反省の材料にしえたはずである。いったん派兵すると、撤兵がいかに困難な業になるか、シベリア出兵の際の単独出兵の歴史がこれをよく物語っている」「太平洋戦争に突入した一九四一年、戦争の回避をもとめた日米交渉も、中国からの日本軍の撤兵問題で難航、ついに暗礁に乗り上げ、戦争となった。さらにいうと、シベリア出兵の歴史に含まれる教訓は、今日、イラク戦争を考える上でも役に立つはずである」（『シベリア出兵の史的研究』）

あとがきにかえて

本書は一般社団法人・日本船長協会の機関誌「Ｃａｐｔａｉｎ」（隔月刊）に平成二十年十・十一月号から同二十二年十・十一月号にかけ、十三回にわたって連載した「西伯利亜尼港事件」に加筆したものである。ただし、連載のうち、『海賊江連力一郎』『新聞記者大庭柯公』『代議士中野正剛』『蟹工船小林多喜二』は紙幅の関係で割愛した。良し悪しは別として、いずれ劣らぬ豪の者。そのうち、きっと復活してくるに相違ない。で、ほんのすこしだけ人物紹介してみると――、

海賊・江連力一郎（えづれりきいちろう）は尼港事件で惨殺された水戸歩兵第二連隊の地元に近い茨城県結城の出身。事件を知り、怒り心頭の集会の中で「復讐」を誓った。元陸軍二等軍曹（のちの伍長）。聞えた武道家だった。同志を募り、七百トン級の貨客船に武器を積み込んで北の海に向かっている。だが、手違いが重なり、えいやっとロシア船二隻を次々に襲って積載貨物を強奪。ロシア人乗組員ら計二十一人を皆殺しにした。

やがて仲間割れから事件は表面化し、裁判沙汰となったのだが、「憂国の士か」「単なる物取り強盗か」で当時、世間を大きく騒がせた出来事だった。

新聞記者大庭柯公(おおばかこう)は知られたロシア通の新聞記者。毎日、朝日、読売と大きな新聞社を渡り歩いた。本書第八章「革命軍飛行士新保清」にも登場してもらっているが、革命下のモスクワ行きを目指したものの軍事スパイ容疑で逮捕、銃殺刑に処されている。

逮捕前、シベリアで新発足した極東共和国の実情を記事にしていた。果たして日本とロシアとの間の緩衝国家なのか、赤旗を振るモスクワ仕込みの桃色共和国か。真の独立国か、一部分でも「知られざる新興国」事情をスケッチした資料的価値は高い。「なんでも見てやろう」の記者気質が反ってアダになったのが惜しまれる。

代議士中野正剛(なかのせいごう)は徹底した反権力思想の議会人だった。シベリア出兵にも反対で時の原内閣(原敬首相、田中義一陸相)を激しく弾劾。「参謀肩章の軍人才子」の所業を罵倒して止まなかった。このため、先の「革命軍飛行士新保清」で記したように「中野はロシアのスパイだ」とする陰謀が仕組まれたりしている。

太平洋戦争中の昭和十八年十月、憲兵隊の取り調べを受けて帰宅直後、割腹自殺。親友の一人は述べている。「あたかも戦場の勇士が傷ついては起ち、起っては傷つき、弾丸雨飛潜って突撃するが如き、最後に東條軍閥(東條首相)に肉薄し非命に斃れたのである」

蟹工船小林多喜二(こばやしたきじ)は、ご存知、「おい、地獄さ行ぐんだで!」で始まる小説『蟹工船』の作家である。一時期、工船で製造されるカニ缶詰は、シベリアで戦う日本軍将兵の貴重な食

事件直後、ウラジオストクで行なわれた官民合同尼港殉難者大追悼会（『西伯利事変写真帖第三編』より）

料だった。生産に追われる過酷な船内労働。劣悪な生活環境、現場監督らによる残酷な労働強制。やがて労働者たちは団結し権力に立ち向かっていく。

前述のように、日本軍シベリア出兵の目的の一つに革命ロシアがもたらす社会主義思想の浸透防止があった。国内では共産党弾圧、治安維持法成立、特別高等警察が発足している。

筆一本で立ち向かった小林を待ち受けていたのは、特高による無惨な拷問死だった。

畑違いとも思える海事関係の機関誌で連載を始めたのは、編集担当の方と話しているうち、話題が「海賊江連力一郎」に及んだことがあった。当時（いまもそうだが）世界の海のあちこちで海賊騒ぎが頻発していた。で、ふんふん、ふぅーんということに相成った。ところが、いざ連載を始めると、どうしても話の展開が陸上の戦闘経過に添ったものにならざるを得ず、読者（現役船長、ＯＢ船長）は随分と面食らったに相違なかった。

それでも連載が進むにつれ、海に関連した出兵がらみの情報が寄せられるようになった。ありがたいことだった。以下、その中から二つばかり――。

冒頭に船名だけ紹介した「さいべりあ丸」だが、昭和二年（一九二七年）、米国から国際親善の願いを込めた「青い目の人形」百六十八体を運んでいる。シベリア出兵以降、険しくなっていく日米関係を懸念した教会牧師が全国に呼びかけて集めた人形だった。その後も人形は贈られてきて総数一万二千体に達したのだが、さいべりあ丸はその親善第一船として名を上げた。

一方、こちらはチェコスロバキア軍帰還兵。横浜港に帰港した同船は大勢の小学生らに大歓迎を受けている。ウラジオストクから船で故国をめざした。これも欧州に向かう貨客船「若狭丸」（日本郵船）と同航するかたちとなっていたが、途中寄港地のスリランカ・コロンボにはチェコ兵船が一足先に入港。港にあった「製氷」すべてを「買占めて」しまった。「大勢の兵隊を乗せていましたからたくさん入用だったとみえます」。当時、船内はもちろん、どこの港町も製氷施設が貧弱だったから、若狭丸の分は「四〜五日待て」という。かくて急ぎの若狭丸船客、乗組員一同、大ボヤキの旅となっている。「インド洋横断を氷無しでやるのですからたまりません」「やっとスエズ近くなって（船内の冷凍設備フル稼動で）アイスクリームの出たときのうれしさは、今に忘れません」（広瀬忠隆『海運夜話』海洋文化振興社、昭和七年）

＊

本書をまとめるに当たっては多くの方面のお世話になった。とくに次の方々、機関からは貴重な情報提供を受け、あるいは資料等を見せていただいた。ご厚誼にも預かった。いまでも感謝の念と共に当時の情況をありありと思い出すことができる。

新保円子、島田元弘、高島真、金野文彦、桜井美紀、堀江満智、武藤隆一、隈部守、生田真司、森本靖之、池上武男。札幌護国神社、函館市立図書館、宮城県登米市・本覚寺。宮城県立図書館、富山県立図書館、山口県立図書館、熊本県天草市・東明寺。

編集にあたっては潮書房光人社・坂梨誠司氏から適切な助言があった。

巻末の参考文献と合わせ、厚く御礼申し上げます。

平成二十六年（二〇一四年）盛夏

土井全二郎

主要参考文献

第一章　シベリアお菊

宮岡謙二『娼婦―海外流浪記―』三一書房
北野典夫『天草海外発展史下巻』葦書房
入江寅次『邦人海外発展史下巻』原書房
本間憲一郎『戦争秘話ボロ支那服』天行会
長田秋涛『新々赤毛布』文禄堂
菊地幽芳『日本海周遊記』春陽堂
黒田清隆『環遊日記上編』不詳
石川六郎『西伯利亜』民友社
長谷川僚太郎『女スパイシベリヤお菊』文芸社
岩永久次『「諸難儀」覚え書き』熊本学園大学社会福祉研究所
可児弘明『近代中国の苦力と「猪女」』岩波書店
木村健二『在朝日本人の社会史』未来社
財・北海道北方博物館交流協会編『20世紀夜明けの沿海州』北海道新聞社
高橋米吉・高橋真編著『シベリア出兵従軍記』無明舎出版
石光真清『曠野の花』中公文庫

第二章　風雲児島田元太郎

海野弘『陰謀と幻想の大アジア』平凡社
東亞同文会編『樺太及北沿海州』東亜同文会
黒田清隆『海遊日記上編』前出
宮岡謙二『娼婦―海外流浪記―』前出
松尾末蔵『西伯利南洋探検旅行記』東亜堂
川上俊彦『浦潮斯徳』実業之日本社
『函館市史通説編第二、三巻』
入江寅次『邦人海外発展史 下巻』前出
森川正七『北海の男』私家版
野守広『実地視察宝庫西伯利』実業之日本社
坪谷善四郎『海外行脚』博文館
『露領漁業の沿革と現状』露領水産組合
井本三夫編『北前の記憶』桂書房
隈部守『尼港事件と島田元太郎』私家版
清水恵『函館・ロシアその交流の軌跡』函館日ロ交流史研究会

第三章　諜報員石光真清

石光真清『城下の人』『曠野の花』『望郷の歌』『誰

のために』四部作・中公文庫
（ほかに昭和三十年代出版の龍星閣四部作がある。また、これら作品の原典ともいえる『諜報記』昭和十七年と『諜報記・続』昭和二十年があり、戦後出版の各四部作と違う記述箇所がいくつかみられる）
田中義一関係文書（山口県文書館）
『続・現代史資料五』みすず書房
『天草海外発展史下巻』前出
細谷千博『ロシア革命と日本』原書房
坪谷善四郎『海外行脚』前出
東洋捕鯨社編『明治期日本捕鯨誌』（復刻版）マツノ書店
ハーモン・タッパー著鈴木主税訳『大いなる海へ』フジ出版社
井上勇『鉄道ゲージが変えた現代史』中公新書

第四章　おらが首相田中義一

細谷千博『シベリア出兵の史的研究』岩波現代文庫
参謀本部編『西伯利出兵史上巻』（復刻版）新時代社
高倉徹一編『田中義一伝記上・下巻』原書房
纐纈厚『田中義一』芙蓉書房出版
河谷俊雄『田中義一伝』原書房
田崎末松『評伝田中義一上・下巻』平和戦略総合研究所
『原敬日記第七巻』乾元社
『宇垣一成日記第一巻』みすず書房
『山県有朋意見書』原書房
朝河貫一『日本の過機』講談社学術文庫
マイケル・セイヤーズほか著大木貞夫訳『反ソ秘密戦争』富士出版社
大津淳一郎『大日本憲政史第八巻』宝文館
『現代史資料第二十七巻』みすず書房
ソ同盟科学アカデミー東洋学研究所編相田重夫ほか訳『極東国際政治史・上』平凡社
酒井勝軍『神秘之日本第五巻』（復刻版）八幡書店
堀江満智『遥かなる浦潮』新風書房『ウラジオストクの日本人街』東洋書店
『レーニン全集第二十七巻』大月書店
兵藤長雄『善意の架け橋』文藝春秋社
島田謹二『ロシアにおける広瀬武夫上・下』朝日新聞社
久原房之助『世界維新と皇国の使命』翼賛出版協会

張承志『回教から見た中国』中公新書

第五章　アタマン・セミヨノフ

『レーニン全集第二十八巻』大月書店
『極東国際政治史・上』前出
アバリン著ロシア問題研究所訳『列強対満工作史下巻』ロシア問題研究所
司馬遼太郎『ロシアについて』文藝春秋社
笠原十九司、金子久夫訳『セミョーノフ自伝・自分のこと―回想、思索そして結論―』宇都宮大学教育学部紀要第四十、四十一号ほか
板橋守邦『大いなる回帰』東洋経済新報社
ゴルチンスキイ著対露同盟会訳『アタマン・セミヨーノフ及其の生活と活動』対露同盟会
西原征夫『全記録ハルビン特務機関』毎日新聞社
黒龍会『東亜先覚志士伝中巻』原書房
八杉貞利『(八杉貞利日記) ろしあ路』図書新聞社
和泉良之助『続極東共和国まで』浦潮日報社
前野茂『ソ連獄窓十一年②』講談社学術文庫
植田樹『コサックのロシア』中央公論新社
井染禄朗『西伯利経済地理・全』外交時報社
島津貞弘『哈爾濱のモンシロチョウ』早稲田出版

第六章　社会主義中尉長山直厚

広島師団史研究委員会『広島師団史』陸上自衛隊第13師団
村上哲『広島師団の歩み』同出版委員会
戦史叢書第十号『西伯利に於ける第五師団』偕行社
松尾勝造『シベリア出征日記』風媒社
『富山県史6・資料編6近代(下)』
山内邦介『シベリア秘史』日本評論社出版部
田所成恭『弔合戦』博文館
柴田秀吉『ユフタの墓』クリエイツ社
松下芳男『三代反戦運動史』光人社
松下芳男『日本軍事史実話』土屋書店
憲兵司令部編『西伯利出兵憲兵史』図書刊行会
『反ソ秘密戦争』前出
信濃太郎『社会主義一兵卒の記録』新泉社
西野辰吉『秩父困民党』東邦出版社
井上清『日本の軍国主義』現代評論社
野添憲治編著『小作農民の証言』秋田書房
坂井由衛『岐阜県労働運動思い出話』遺稿刊行会
日本農民運動研究会『日本農民運動史』御茶の水書房

萩原晋一郎『墓標なき革命家』新泉社
萩原晋一郎『永久革命への騎士高尾平兵衛』リベルテールの会

第七章　パルチザン佐藤三千夫

『日本現代文学全集73』（葉山嘉樹・徳永直・黒島伝治）講談社
川西政明『新・日本文壇史4』岩波書店
大河内一男、松尾洋『日本労働組合物語・大正』筑摩書房
和田春樹『ニコライラッセル上・下』中央公論社
八杉貞利『ろしあ路』前出
萩野正博『弔詩なき終焉』御茶の水書房
『西比利出兵憲兵史』前出
広野八郎『葉山嘉樹私史』たいまつ社
『佐沼高校百年史』創立百周年記念事業実行委員会
市川正一『市川正一公判陳述』新日本文庫
『岐阜県労働運動思い出話』前出
内藤潔『新潟県北洋漁業発展誌』編集委員会
水産省『露領沿海州視察報告書』
『新潟市史通説編3近代（上）』
日魯漁業社編『露領漁業沿革史第一編』
岩村登志夫『在日朝鮮人と日本人労働者階級』校倉書房
荒畑寒村『寒村自伝上・下巻』筑摩書房
田崎治久編著『続日本之憲兵』原書房
『現代史資料20』みすず書房

第八章　革命軍飛行士新保清

『西伯利出兵憲兵史』前出
久保田栄吉『赤露二年の獄中生活』矢口書店
『日本航空史』日本航空協会
平木國夫『イカロスたちの夜明け』グリーンアロー出版社
平木國夫『バロン滋野の生涯』文藝春秋社
磯部鉄吉『空の戦』冨山房
鈴木正節『大正デモクラシーの群像』雄山閣
『朝日新聞社史大正・昭和編』
前間孝則『朝日新聞訪欧大飛行・上』講談社
メリニチェンコ著佐野柳策ほか訳『レーニンと日本』新読書社
岡田宙太『房総ヒコーキ物語』崙書房
読売新聞社編『20世紀どんな時代だったのか・革命編』読売新聞社

山辺健太郎『社会主義運動半生記』岩波新書
相馬黒光『滴水録』非売品
加藤哲郎『モスクワで粛清された日本人』青木書店
田口運蔵『赤い広場を横ぎる』大衆公論社

第九章　尼港副領事石田寅松

稲垣満次郎『西比利亜鉄道論』哲学書院
戦史叢書『潜水艦史』朝雲新聞社
池島信平編『歴史よもやま話日本編・下』文藝春秋社
溝口白羊『国辱記』日本評論社
高山貞三郎『アムールの流血』私家版
小林幸男『日ソ政治外交史』有斐閣
『天草海外発展史下巻』前出
日本外交史人物叢書第九巻『川上俊彦君を憶ふ』ゆまに書房
『水戸市史下巻（二）』
『栃木県史・近現代編』
太田覚眠『露西亜物語』丙午出版社
添田知道『演歌の明治大正史』岩波新書
高島米吉・高島真編著『シベリア出兵従軍記』前出
石附省吾編著『灰燼之尼港』八木魁文堂
菅原佐賀衛『西伯利出兵史要』偕行社
石塚経二『アムールのささやき』千軒社
『セミョノフ自伝』前出
陸軍省・海軍省『尼港事件ノ顛末』
外務省欧亜局編『日「ソ」交渉史』巌南堂書店
川田功『赤軍の女参謀』スメル書房

第十章　「無名の師」総決算

北沢楽天著『楽天全集第五巻』アトリエ社
小林幸夫『日ソ政治外交史』前出
小泉輝三朗『明治犯罪史正談』『大正犯罪史正談』『昭和犯罪史正談』大学書房
『日本プロレタリア文学集9』新日本出版社
匝瑳胤次『深まりゆく日米危機』精文館
大庭柯公『露国及び露人研究』中公文庫
山内邦介『浦塩と沿海州』日本電報通信社出版部
信夫清三郎『大正政治史第三巻』河出書房
『反ソ秘密戦争』前出
『現代史資料27・解説』みすず書房
『レーニン全集第三十巻』大月書店
堀江則雄『極東共和国の夢』未来社
『日本赤十字社史続稿下巻』

（注）シベリア出兵全体を扱った作品に北海道大学教授原暉之『シベリア出兵―革命と干渉―』がある。昭和六十四年（一九八九年）発行。筑摩書房。膨大な量の資料類を駆使してまとめ上げられた大作。ただ、発行年からいって、ロシア関係資料は旧ソ連時代（一九九一年ソ連崩壊）のものに限られたことから、資料価値の判断にご苦労があったようだ。このほか、一般書として小説スタイルの児島襄『平和の失速』（全八巻、文春文庫）、高橋治『派兵』（四部作、朝日新聞社）がある。

『西伯利亜出兵物語』二〇一四年八月　潮書房光人社刊　改題

NF文庫

シベリア出兵

二〇二〇年二月二十二日　第一刷発行

著　者　土井全二郎

発行者　皆川豪志

発行所　株式会社　潮書房光人新社

〒100-8077　東京都千代田区大手町一-七-二

電話／〇三-六二八一-九八九一(代)

印刷・製本　凸版印刷株式会社

定価はカバーに表示してあります

乱丁・落丁のものはお取りかえ致します。本文は中性紙を使用

ISBN978-4-7698-3155-6　C0195

http://www.kojinsha.co.jp

NF文庫

刊行のことば

第二次世界大戦の戦火が熄(や)んで五〇年――その間、小社は夥しい数の戦争の記録を渉猟し、発掘し、常に公正なる立場を貫いて書誌とし、大方の絶讃を博して今日に及ぶが、その源は、散華された世代への熱き思い入れであり、同時に、その記録を誌して平和の礎とし、後世に伝えんとするにある。

小社の出版物は、戦記、伝記、文学、エッセイ、写真集、その他、すでに一、〇〇〇点を越え、加えて戦後五〇年になんなんとするを契機として、「光人社ＮＦ（ノンフィクション）文庫」を創刊して、読者諸賢の熱烈要望におこたえする次第である。人生のバイブルとして、心弱きときの活性の糧(かて)として、散華の世代からの感動の肉声に、あなたもぜひ、耳を傾けて下さい。